上海著名中学师生推荐书系

影响我中学时代的一本好书

黄荣华　主编

怅望千秋

李元洛————原著

黄荣华　商慧锦————编注

中国出版集团 东方出版中心

图书在版编目（CIP）数据

怅望千秋：唐诗之旅：全新修订版 / 李元洛著；
黄荣华, 商慧锦编注. － 上海：东方出版中心, 2021.6（2023.6 重印）
　　ISBN 978-7-5473-1836-2

Ⅰ. ①怅… Ⅱ. ①李… ②黄… ③商… Ⅲ. ①唐诗 -
中学 - 课外读物 Ⅳ. ①G634.303

中国版本图书馆CIP数据核字（2021）第094464号

怅望千秋—唐诗之旅（全新修订版）

著　　者　李元洛
编　　注　黄荣华　商慧锦
责任编辑　李梦溪
封面设计　钟　颖

出版发行　东方出版中心有限公司
地　　址　上海市仙霞路345号
邮政编码　200336
电　　话　021- 62417400
印　刷　者　上海万卷印刷股份有限公司

开　　本　890mm×1240mm　1/32
印　　张　7.625
字　　数　208千字
版　　次　2021年6月第1版
印　　次　2023年6月第2次印刷
定　　价　35.00元

"上海著名中学师生推荐书系"
编注委员会名单

编注者说

编这样一套书，出于三个目的——

一是让中学生朋友们共享同龄人的精神资源。每个中学语文尖子都有自己的个性化阅读，这种个性化阅读多数情况下应当是有普遍价值的，因为毕竟大家的年龄相当，阅历相似，文化背景相同。他们所以成为语文尖子当然有诸多原因，但他们的个性化阅读一定是一个重要原因。因此，把那些语文尖子的个性化阅读且具有普遍意义的著作，让语文尖子们自己向同龄人推荐，说出自己阅读的意义或方法，对绝大多数中学生朋友应当是有益的。

二是增加同学们的情感和思想积累。这就先要说到"应试"教育了。可以说白了，没有情感浓度和思想深度的应试者，至少在目前的语文应试中，他是无法得到高分的。无论是现代文阅读，还是古诗词鉴赏，或是文言理解，作文就更不用说了，没有真情分辨与把握，没有思想综合与揭示，他最多只能拿到最基础的分数。基础分是多少？及格。因此，要想在语文考试中获得高分，就必须注重情感与思想的积累。鉴于这种思路，我们在编选、点评这套丛书时，就特别注意了情感与思想的提升。其实，一个真正的读书者，是永远把情感与思想历练放在第一位的。这样的读书者不仅可使自己成为有人情味的人，有思辨力的人，而且永不会被迷惑，应付各种各样的考试就更不在话下。要特别提及的是，如果你是一个真想学好语文的人，就千万别相信那些所谓应试技巧之类的书。按这种书的技巧指导，你从高一练到高三也出不了头。你可以不买这套书，但不能不听这样的忠告。

1

三是倡导一种语文观念——语文学习的重要目的是协调学习者与社会的关系。就中学生而言，如何与同学朋友交往，与家长交心，与老师交流，与陌生人相待，是一门重要的课业，但今天的教育基本忽略了这一课业。我们在这套丛书的编选、点评中，也期待在这方面有所为。首先从第一辑的选题看，《寂寞圣哲》整体上是思考人与社会的关系，思考作为个体的人与作为社会的人应如何更好地获取幸福与尊严；《怅望千秋》很大程度上是传承一种精神，那是伟大的唐诗精神——以李白和杜甫为代表的集傲岸与悲悯于一体、集生活与艺术于一身的高贵精神；《古典幽梦》引导阅读者在寻找真实中确立自我与环境、社会的关系；《夹缝中的历史》将广为人知或鲜为人知的历史大事或小事联类贯通，让阅读者从历史发现、甄别、揭示中获取真知。事实上应试能力也是人与社会的一种协调能力。如果把眼光放远大点，我们就能看到，每个人的一生都会遇到无数次的大大小小的应试。一个没有应试能力的人是不能容于社会的。现在的问题是，我们把应试妖魔化了。这不能怪应试本身，而应责怪社会对应试的理解过于偏狭，对中学生应试的操作过于单一。我们只是期待，阅读这套丛书的同学能获益，哪怕是从最基本的应试上获益。

序

于　漪

　　读书对人生建树的重要性,中学生均略知一二,有的理解得还比较深刻。难的是如何把认识化为行动,使书(当然是精品、佳品)成为自己的亲密伙伴,深深地爱,从中吮吸养料,滋润精神成长。

　　怎样才能化解艰难,养成读书的习惯?首要在真正提高认识。行动受思想指挥,认识模糊、低下,行动必然朝三暮四,摇摆不定。须知:读书是人独有的神圣权利。北大教授贺麟早在半个世纪前就语重心长地对新大学生说:人是能读书著书的动物。读书是划分人与禽兽的界限,也是划分文明人与野蛮人的界限。读现代的书即与同时代的人作精神上的沟通交谈,读古人的书能承受古圣先贤的精神遗产。读书可以享受或吸取学问思想家多年的心血的结晶,所以读书实为人类特有的神圣权利。这段话认真咀嚼一番,可思考的内容甚丰。人有文字,禽兽没有,文字承载文明,传久行远,恩泽后代。后代要继承文明,健康成长,进而发展创造,须臾离不开文字的杰作——书中的醍醐与琼浆。

　　然而,在当今生存的环境中,金钱至上、物欲横流、急功近利思潮泛滥,对中学生精神的成长构成了种种威胁。读书的意识淡薄了,读书的欢乐消失了,嗜书如命的那份执着已凤毛麟角,读书的神圣权利在不知不觉中受到冷遇。责任在谁?求学不下功夫读书的局面形成,确实有多种因素,学业负担重,题海围攻围堵,难辞其咎。即使如此,中学生仍要坚定读书的信念,冲出不良气氛的包围,做一名爱书、读书、心灵充实、大脑富有的人。

　　有一种误解,认为做现代人,只要是电脑操作的行家里手,与键盘

为友,需要什么资料,都可以搜索,可以下载,要花功夫读那么多书干什么。这不仅对"现代人"的内涵缺乏深入的探讨,而且太小看了自己。走向现代化的中国,迫切需要现代人去发展创造。现代人要求具有崇高的人格和道德观念,具有宽厚的自然科学、社会人文科学知识基础和自主求索、运用知识、创新发展、服务社会的观念和能力。或者说,要具有现代的文化心理素质,主体意识、进取意识和创造意识能充分发挥。一句话,须全面提高素质。知识经济时代的到来,它不是以某种能够运用的技术为基础,而是以整个知识进步为基础,因此,对人才的评价标准,主要不是看某一方面的技能运用,而是看人才的整个知识的结构、知识的容量、知识的水平、知识积聚和更新的能力。也就是说,知识方面也需要综合素养。社会文明程度越高,对人的全面发展、道德修养、文化素养的要求越高。

全面提高素质最重要的途径之一是读书。其他姑且不论,单是文学的辉煌殿堂对每一位有志青年都敞开着,只要你入深山探宝的精神走进去,你会受到清澈的思想、精辟的见解、深邃的洞察力、文字的生命力的感染,如行走在山阴道上,山川自相映发,使人应接不暇。

读书要慎加选择,绝不滥读。而今,由于利益驱动,平庸的作品,乃至坏书,经包装与炒作,搅乱人的视线,以时尚、时髦诱惑年轻的读者。坏书犹如蓬勃滋生的野草,伤害庄稼,使庄稼枯死,它戕害人的思想、情感往往无影无形,令人受害而不自知。人不可能活二百年,人生苦短,特别是青春年少的黄金岁月,更应万分珍惜,不能让坏书、无益的书销蚀自己的青春。有人说得好:单靠报纸和偶然得到的流行文学,是学不会真正意义上的阅读的;读,就必须读杰作。杰作常常不像时髦读物那么适口,那么富于刺激性,但那里有心血,有智慧,有学问,有价值,你精神上获得了财富。

《著名中学师生推荐书系》的编注者不仅深知阅读杰作对青年人的人生建设的重要与必要,而且躬身践行,体会成长的快乐。为此,怀着对中学生的关心与爱护,从现当代经典散文的编注入手,引领大家与作品中的一个个性极其鲜明的作家、伟人对话、交流,沟通心灵,认识他们的思想,感受他们的文采,体悟他们洋溢时代精神的人格魅力。

读书要虚心。无谦虚心理,狂妄自大,就难以入门,更不用说登堂入室。书中常会有"罅缝",可深思,可探究,绝不是拿来审问。当今读书有种倾向,不管什么读物,先"批"字当头,否定,贬斥,美其名曰自己高明,批判性思维强。殊不知这种阅读连浅尝辄止都谈不上,又何能从阅读中收到成长的实效?经典之作不可能迎合你的思想,也不可能轻而易举就完全能得到其中的真谛。要想真心实意地得到他们的教诲,须进入他们的思想,辛苦探寻,用力打凿,比较辨识,熔炼吸收。读书是辛苦的,而人也就是靠辛苦的陶冶而成其为人的。朱子说的"读书须一棒一条痕,一掴一掌血"的执着追求的读书精神,在现代社会仍然散发光芒。

祝愿中学生朋友在学业繁重的情况下,挤时间阅读编注的这套经典之作丛书,集众人之精气神,打好做现代中国人的文化基石,为明日的发展蕴孕充分的底气。

于漪,著名语文特级教师,2019年被授予"人民教育家"国家荣誉称号。

■ 目 录

编注者说 ……………………………………………………………… 1

序 ……………………………………………………………… 于 漪 1

师生推荐的 N 个理由

与诗人同行 ………………………… 复旦大学附中 黄荣华 3

感悟唐诗精神 ………………………… 复旦大学附中 张伟琪 5

结交一位终生不离不弃的挚友 ……… 华东师大二附中 史 诗 8

第一单元

长安行 …………………………………………………………… 3

客舍并州 ………………………………………………………… 24

与李白同游庐山 ………………………………………………… 32

独钓寒江雪 ……………………………………………………… 44

单元链接

第二单元

诗家天子 ………………………………………………………… 65

寄李白 …………………………………………………………… 80

怅望千秋—洒泪 ·· 91

骏马的悲歌 ·· 102

单元链接

第三单元

巾帼 ·· 113

单元链接

第四单元

月光奏鸣曲 ·· 147

华夏之水　炎黄之血 ·· 161

单元链接

第五单元

诗中的彩虹 ·· 175

唯有垂杨管别离 ·· 182

君子与佳人 ·· 189

白刃明霜雪 ·· 197

诗咏金钱 ·· 206

单元链接

附录：

原著《序》 ·· 黄维梁 215

师生推荐的N个理由

SHI SHENG TUI JIAN DE N GE LI YOU

只有从根本上提高人文素养，才能在考试中高屋建瓴，应付裕如，稳操胜券。

黄玉峰

当你熟读了一些唐诗，当你背诵了一些唐诗，你再读这本《怅望千秋》，你将会有一种“原来如此”的“了悟”，有一种“豁然开朗”的“通识”，因此也会有一种“相见恨晚”的慨叹。

黄荣华

作为一个语文学习者，唐诗让我们体会到中华文字的精致奥妙，让我们不再因枯燥的语文测验而磨灭对于祖国文字的灵感，让我们真正体验到语文学习的精髓——而这些常常能让我们更积极而轻松地面对考试……

张伟琪

当我们青春年少、朝气飞扬的时候，能邂逅并神交这样一位终生不离不弃的挚友是何等的幸福。如果你还没有真正与唐诗相识，那就从这部《怅望千秋——唐诗之旅》开始吧。

史　诗

与诗人同行

复旦大学附中　黄荣华

唐诗是不需要推荐的。作为中国人,有谁不是吟咏着唐诗长大?再不读书的人,又有谁背不出骆宾王的《咏鹅》?背不下李白的《静夜思》?背不来王维的"劝君更尽一杯酒,西出阳关无故人"?唐诗将以她永恒的魅力吸引着读者,将以她诗性的光辉永远照耀我们生活的天空。

但唐诗读本是需要推荐的。《唐诗三百首》《新唐诗三百首》《唐诗鉴赏辞典》等,每一读本都有自己的特色。这里向同学们推荐的《怅望千秋》却有着与上述读本全然不同的一面。当你熟读了一些唐诗,当你背诵了一些唐诗,你再读李元洛先生的这本《怅望千秋》,你将会有一种"原来如此"的"了悟",有一种"豁然开朗"的"通识",因此也会有一种"相见恨晚"的慨叹。

《怅望千秋》最大的特点是从发生学的角度,追寻诗人的足迹,追寻诗思诗情生发的情境,追寻诗作诞生的文化原点,不仅告诉你"是什么",更让你明白"为什么"。它就像一位向导,把你导向唐诗的最深处,引你同诗人一起,一一欣赏唐诗的绝世风景。阅读《怅望千秋》的过程,即是一次唐诗之旅,是一次与诗人同行、沐浴诗性光辉的愉悦的人生之旅。

这次旅途,我们将从长安出发,从长安的兴庆宫出发。长安是唐代的政治经济文化中心,也是当时世界上最大的城市。兴庆宫是盛唐的政治文化中心,因此也可以说它是中国社会最强盛时期的政治文化中心。这里曾上演过中国历史上最繁盛的大戏——诗才第一(李白)、乐律第一(李龟年)、地位第一(玄宗)、美貌第一(贵妃)、内臣第一(高力士)……

3

曾同台演出。欣赏完这一群"第一"人物的精彩演出,我们将途经并州(太原),漂流黄河,溯流长江,登临庐山,抵达永州。

在这次旅行中,沿途将有中国诗歌史上第一流的诗人们为我们"接风洗尘",我们将与心仪已久的诗人们"亲密接触",近距离地欣赏到他们的文采风流。他们将各展诗才,让我们全方位领略中国古典诗歌各种体裁、各种题材的精髓神韵。

在这次长途旅行中,我们还将享受到三趟特别之旅:月夜泛舟,与女诗人同游,"君子与佳人""蜜月"之旅。

这将是一次令你终生幸福的旅行。你将真正明白,谁是"诗家天子",谁是诗坛"情圣",谁是诗中"英雄",谁是"诗豪",谁是"圣手",谁是"君子",谁是"佳人";你将真正理解,什么是原创,什么是模仿,什么是超越;你将真正知晓,唐诗是对此前整部中国诗歌史的全面接受,又对此后整部中国诗歌史的方向、发展进行了规定;你将真正懂得,唐诗之巅就是生活之巅,唐诗之灵就是生活之灵,唐诗如同生活一样丰富、广博、厚实;你将真正领悟,我们的生活,我们的语言,我们的情感,我们的文化血脉,与唐诗的关系原来是如此密切;你将深刻反省,原来自己仅仅把读唐诗定位在应试的层面上是多么肤浅,多么可笑,多么可悲,那样根本就无法进入唐诗! 最后,你将一定会由衷地惊叹:唐诗,你真伟大! 唐诗,我永远爱你!

感悟唐诗精神

复旦大学附中　张伟琪

"前不见古人，后不见来者"，用陈子昂的这两句诗来概括唐诗的地位恐怕再恰当不过。唐诗，她是中华文化的最高峰之一，在这座高峰上涌现出了多少才华横溢的诗人、千古流传的名句；唐诗，她是中国人引以为豪的文化遗产。

但是，当历史走到今天，唐诗正在面临一场危机，她的地位开始动摇，她的存在开始被人漠视，她的深沉难以被人理解……这危机来自全球化的文化威胁，来自西方文明的强烈冲击，但是这威胁真正的可怖之处在于其根源并不是来自外部，而是自内而生——并不是西方人在消解唐诗的价值，而是炎黄子孙自己在疏离自己的文化。唐诗面临的挑战不是让陌生的西方人接受她，而是让所有的中国人理解她。

为什么我们还要读唐诗？也许翻开《怅望千秋》可以给我们最好的解答，作为一个语文学习者，唐诗让我们体会到中华文字的精致奥妙，让我们不再因枯燥的语文测验而磨灭对于祖国文字的灵感，让我们真正地体验语文学习的精髓——而这些常常能让我们更积极而轻松地面对考试；同时作为一个站在文明冲突交界处的青少年，唐诗更让我们理解自己的文化，理解自己作为中国人的生存方式，培养自己的文化认同感，而不是在中西方文化生活的冲突中迷失自己的方向。

中国文字是博大精深的。试想有哪种文字可以用如此简约的方式体现语言和修辞的力量。美国诗人庞德曾经翻译过《长干行》，但是"青梅竹马"到了他的笔下、到了英文的表达中，却完全失去了意味。唐诗的一字一句或是捻断数茎须的炼词之果，或是随兴而至的天才之作，这在李元洛先生看来不仅仅是文字的魅力，更有一种原创的精神。原

创,这正是唐诗的最高精神境界。唐诗因其原创精神将永远屹立在文化的高峰。而如此曼妙优雅的诗句,独特新颖的原创,到了我们中学生的眼中却常常变成艰涩难背的诗句,这不禁令人遗憾。

语言的魅力需要用心去体会,而李元洛先生正是一位慈祥的指引者,向我们道来文字的精妙。其实不仅如此,《怅望千秋》不但细致入微地从唐诗的古典文化角度去诠释诗歌字里行间的独特魅力,还常常选择一个现实的角度用唐诗的眼光去审视周围的一切。唐诗的精神引领我们开始了反思,反思我们今天的语言文化。是的,与唐诗的高度相比,我们应当感到羞愧。作为炎黄子孙,我们应当读唐诗,去体会那空谷传响的绝唱,去认识文字中蕴含的文化精神,而不仅仅是为了应试。

唐代才华横溢、魅力四射的诗人实在是不胜枚举,值得我们去细细品读的诗人实在太多。这里我需要特别地说一说李白与杜甫——这两位也是李元洛先生的最爱。李杜,他们是唐诗高峰上的巨人,他们的诗不仅仅是语言的顶点,更是精神的至高处。李白是诗人中的天才,令后人感叹难以模仿、难以企及,而李元洛先生则让我们从另一角度去读李白,那就是他的独立精神和自由思想。不汲汲于名利,不戚戚于富贵,这是远远超过诗才诗艺的更高的境界。而对于我们中学生来说,"自由之思想,独立之人格"也应当成为我们的座右铭。不束缚于概念的教条,不羁绊于思想的桎梏,学会用自己的大脑进行思考,学会用自己的双手去创造,这需要我们在每一天的生活中去实践。再看那杜甫吧,沉郁顿挫的诗句,忧国忧民的情思,悲悯苍生的胸襟,都已化为了那个时代最深沉的底蕴。在这沉郁、忧思、悲悯之中,杜甫从孤舟中陨落,落入了那条埋葬屈原的河流,同他的先人一样化为了永恒的精神。后人学杜甫作诗者很多,人们以为杜甫的诗可学,但一千余年过去了,我们还没有看到第二个杜甫出现,除了他的诗艺无人可及,杜甫精神更难企及啊!

感谢李元洛先生的书,让我重新认识唐诗。对我来说,这是一次中华文化的寻根之旅,一次民族瑰宝的重新挖掘。唐诗的力量是饱满的,唐诗的魅力是多元的,唐诗的价值是永恒的。他用了一种怅望的目光,站在现实的一头向千秋之前的唐朝远眺,这眺望中有的是对那个文化鼎盛时期的憧憬,是对当今现实社会的批判。但这种怅望的价值究竟何在?是不是我们要像唐人那样生活才能重回真正的民族文化的顶峰,才能真正让我们达到文化追求的极致?当然不是。这不仅是不可能的,而且是不需要的,每一个时代的人都有自己的文化,今天的一根柳枝恐怕已不能表达那种离别的依依之情,交通的方便也让我们不再要像李白那样徒步游走,今天的我们有属于这个时代的表达方式。只是在这个时候,对于我们中学生来说,我们需要一种精神,即对经典文化的热爱,对中华文化的认同。

中华文化是中国人生活的见证,唐诗是中国人文化高度的写照。

简注:张伟琪,2005年毕业于复旦大学附中,后就读于复旦大学。喜欢思考,喜欢追问。在高中的三年里,一直通过阅读,不断充实提高自己对环境及自身的认识。坚信阅读是接近大师与大师思想的最佳途径。

结交一位终生不离不弃的挚友

华东师大二附中　史　诗

如果说人生的不同阶段是一篇篇不同类型的文字——儿童时代是天真烂漫的童话，中年是情节曲折的小说，老年是深沉而寓意丰富的散文，那么，正值青春年少的青少年，一定就是最浪漫最热情的诗。在这个属于诗的年龄里，也最应该接受诗歌的熏陶，与诗相亲。诗歌能让我们了解历史、解读文化、学习审美、升华情感。

在竞放的诗歌百花中，自有一朵牡丹最是耀眼夺目，不消说，那便是"秾姿贵彩信奇绝"的唐诗。唐代诗歌的成就之高、形制之丰、格调之胜值得我们去细细品读。然而，那毕竟是一千多年前流传下的绝唱，对于意气风发却履历不丰、见识尚浅的青少年来说，要真正地理解其中的美丽和精髓却是相当困难的。幸而，我们的前辈中有对唐诗颇有研究与心得且欣然将这些与我们分享的学者。李元洛先生的《怅望千秋》就是这样一部引领我们畅游唐诗花园的优秀作品。

《怅望千秋》是一部散文集，或者说是诗论与散文的结合，它以游记散文的洒脱灵动之笔娓娓论说诗情诗艺。李先生以诗人独有的一颗拥抱青春与朝气的心，在神州的广袤土地上踏寻唐人的足迹，探访岁月的留痕，解读唐诗的美妙。

历经千年唐诗自身早已成了历史的一部分，所以解读唐诗，势必要到历史中去寻探；加之中国知识分子历来具有一种深沉的历史情怀，唐人的诗也有不少来自历史，历史就成了叩开唐诗巍峨宫殿大门的第一把钥匙。《怅望千秋》便是一部弥漫着历史氤氲的作品。李元洛先生站在20世纪末，远眺千秋之前的唐代，与唐代诗人对晤，与唐代诗歌神交，说不尽的历史感喟，带领读者步步回溯到千年前的唐代乃至更为久远的时代,梳理隐藏在纷繁世事背后的唐诗故事。这样一部以唐诗为审视和论述对象的著作,没有去寻章摘句、引经据典、训诂考证、追求学术性,而是把艺术的聚焦点投射在诗人所处的历史背景、个人不幸的身世命运、绝世的才情、桀骜的性格和高贵的灵魂的描述与塑造上。作者写杜甫,主要落笔于安史之乱的生灵涂炭,他晚年的漂泊和病体的支离,"残杯与冷炙,到处潜悲辛"的人生况味,落笔于虽然日暮途穷,却仍心忧天下,情系苍生,以一己之心担荷天下人之苦难的良知与人格力量。不仅让我们对杜甫诗篇中的深沉的爱国忧民之情肃然起敬,更让我们理解了是什么引发了诗人的无限悲悯和感慨,是什么塑造了一代诗圣与诗仙迥然不同的风格。

唐诗不仅是诗歌的集锦也是中华文化的宝库。《怅望千秋》对于唐诗中深邃博大的文化深入浅出地做了准确而又细致、优美的阐说。对于我们年纪尚轻还不十分精通祖国博大文化的学生来说,有这样一位博学而儒雅的前辈为我们一一道来诗中文化意象,对我们理解、欣赏诗歌,甚至学习文化都是大有裨益的。比方我们所熟识的诸多咏月的诗歌里各有不同的文化含义。"唐诗如同浩浩荡荡的长江大河,其中的边塞诗波涛汹涌,浪花千叠。边塞多雄关险隘,而高空的明月是关山的背景,征人的乡愁,历史的见证。因此,许多边塞诗被那一轮明月照亮,就绝非偶然了。"寥寥几笔就将"边塞之月"这一意象的来龙去脉、有别其他"月"的特点清晰地呈现在我们面前。此时再读"走马西来欲到天,辞家见月两回圆。今夜不知何处宿,平沙万里绝人烟""回乐峰前沙似雪,受降城外月如霜。不知何处吹芦笛,一夜征人尽望乡"之类的诗句便豁然开朗起来。

说唐诗是美的集大成者,相信没有人会反对:优美大气的文字、浑然一体的构思、奇绝瑰丽的想象、和谐动人的音韵……但在今天,光是"审美"二字一出就将无数的少年郎吓退了,"审美"似乎是艰涩而缥缈、让人捉摸不透的。真是这样吗?请听李先生如是说:"'扬

子江边送玉郎，柳丝牵挽柳条长。柳丝挽得吾郎住，再向江头种两行。'柳丝'是'情思'的象征，这位芳名不传的女诗人正是由此落想，愈无理而愈妙，因为好诗有时是不讲日常之理的，如果你说柳树无知无识，再种一千行是白搭，那就未免令作诗的伊人伤心，也使读者觉得太煞风景了。"简单的联想、平易而风趣的话语，就将原本无从"审"起的诗美和盘托出。唐诗之美原来也可这样轻松就"捉摸透"的。

宋诗以明理见长，也许正是因为唐诗的情太过丰富而细腻，实在是难以超越了。无论是恋人之间的思慕之情、亲人远隔的思念之情、朋友分别的惜别之情，还是身处异地的怀乡之情、空怀壮志的报国之情、面对雄奇的赞叹之情，无一不在唐人的笔下竞相绽放。"'大漠沙如雪，燕山月似钩。何当金络脑，快走踏清秋'……李贺说自己'少年心事当拿云'，他时时以骏马与神雏自许，他不仅想立德立言于庙堂之中，也欲效命立功于沙场之上。附带一笔的是，除民间蓄养者外，唐代的官马之数就高达七百万匹，这对李贺咏马是启示也是刺激。李贺是病夫一个，也为马中之龙，乃书生一介，也系非常之人，他羸弱的胸中容纳的是天下和苍生，在煎熬汤药的炉火之旁，他怀的是驰骋沙场致身青云的梦想。"一个有着"诗鬼"之称的鬼才心中所深藏的蓬勃的情感竟由一句咏马之言泄漏了天机，抓到了这一点，你还会不懂李贺？不懂这狂放不羁的诗句？不懂这骏马奔腾的图景？

唐诗，确实值得、也需要我们年轻的学子去探寻、诵读、欣赏、想象。千余年前的诗，其实离我们并不遥远，在今天仍然是可触可感的，她仍然一如既往地传承和传播着中国文化的活力。正因为如此，我们更要去亲近她，去了解她内藏于心的历史、文化、美丽和情感。李元洛将唐诗视为"心有灵犀可以神交，可以倾心快谈得忘年的友人"，还将唐诗当作"绝唱"，当然，这个"绝唱"不是绝响的咏唱，而是绝佳的咏唱，是将永远陪伴我们的绝世佳友。当我们青春年少、朝气飞扬的时候，能邂逅并神交这样一位终生不离不弃的挚友是何等的幸福。如果你还没有真正与唐诗相识，那就从这部《怅望千秋——唐诗之旅》开始吧。

简注：史诗，2005年毕业于华东师大二附中，后就读于复旦大学。一个乐于读书、安静思考的女孩，相信每一个生命都有自己独特的节奏。

第一单元

DI YI DAN YUAN

　　唐诗之旅从长安出发。从长安(今西安)向东北到并州(今太原),再向南到庐山,继续向南到永州。长安之盛、并州之幽、庐山之逸、永州之寒,唐代许多杰出诗人在这次旅途中奉献了自己的杰作,令欣赏者目不暇接。在长安,王维尽地主之谊;在并州,贾岛叙客居之情;在庐山,李白举向导之旗;在永州,子厚论寒江之雪。当你在渭水同王维话别,举杯相嘱,折柳相赠;当你在并州与贾岛相遇,述家乡旧事,抒思念之情;当你在庐山与李白共赏瀑布之壮,亲睹太白举杯赋诗的豪壮之气、飘逸之风;当你在永州亲身感受体验子厚的冰寒处境与孤寂傲岸心境,你将会有一种浓浓的幸福感在心中升起,你会为自己在这样的旅行中有这样的邂逅激动不已……

长安行

长相思，在长安。

我的家乡在南方，将近40年前的青春时代，我却远放西北。沿铁路线北上南下西去东回，好几次和唐代的长安今日的西安擦肩而过，伫候于列车的窗口，那雄伟逶迤的古城墙从唐朝就在等我，喊我去敲叩它的门环。<u>回到南方数十年来，我常常西北而望，那是大唐的京城，唐诗人纷纷登场歌哭吟啸的舞台，怎不使我魂牵梦萦，心神向往？</u>

不久前，年华向老的我终于远赴弱冠之年即已订下的约会。匆匆盘桓数日，在千年古都的城墙内外，于古典与现代交汇的巷尾街头，从唐人永不生锈的优秀诗句里，拾得这篇姗姗来迟的《长安行》。

"唐诗之旅"从长安出发。

长安是唐代的政治、经济、文化中心，也是当时世界上最大的城市。

兴 庆 宫

我去兴庆宫，并非朝拜帝王的宫苑，而是为了重温诗人的绝唱，寻觅李白的遗踪。

兴庆宫，原是唐玄宗李隆基做太子时的藩邸。李隆基即位后，改建旧邸为新宫，兼有宫殿与园林之胜，开元天宝时代，与太极宫、大明宫一起被称为"三内"。唐玄宗多年在此理政，这里就成了盛唐的政治和文化中心。人生变幻，世事沧桑，到清代初期，昔日

兴庆宫是盛唐的政治文化中心，因此也可以说它是中国社会最强盛时期的政治文化中心。

3

的煊赫繁华早已成了一方废墟瓦砾。现在于原址建成的兴庆宫公园，规模只有原来的四分之一，有如一幅比例大为缩小的地图。

兴庆宫金明门内曾置翰林院。公元742年即天宝元年，李白于江南应召再入长安，被任为翰林院学士。那时，长安城内王侯的深宅大院多种牡丹，玄宗更是在沉香亭前广植此花，并辟花园。李白供奉翰林的次年春日，牡丹在眼，贵妃在侍，心情当然极好的玄宗不想闻旧乐而欲听新词，"赏名花，对妃子，焉用旧词"，于是，在长安市上不知哪一处酒家招来醉乡中的李白，酒意尚自醺然的他绣口一吐，立成风流俊逸的《清平调》三章。歌唱家李龟年一边以檀板击节，一边引吭而歌。多才多艺的玄宗不知是想讨贵妃的欢心呢，还是一时技痒，也轻吹玉笛而相和。

待我来时，已是千年后的一个炎炎夏日。龙池之畔的沉香亭，为今日重建的赝品，而昔日的牡丹也早已和杨贵妃一起玉殒香消，李龟年的歌声虽然可以绕梁三日，但却绕不了千年，任你如何在池畔亭前侧耳倾听，那不绝的余音也早已断绝。玄宗时代，翰林供奉们要在翰林院轮流当值，李白呢，也许他此时正在翰林院里值班吧？我去金明门内寻寻觅觅，只见昔日翰林院的北部，早已为居民住宅区所占压，南部也只有考古学家才能查明的瓦砾残迹，许多游人到此，绝不会想到他们足之所履，也许正好踏上李白当年的一枚脚印。

李白的足印已然是凭空想象了，距翰林院不远之西南角，却尚有斑斑可考的勤政楼遗址。勤政楼原名勤政务本楼，是一座东西宽5间、进深3间、面积500

国力第一（盛唐）、诗才第一（李白）、乐律第一（李龟年）、名花第一（牡丹）、地位第一（玄宗）、美貌第一（贵妃）、内臣第一（高力士）……一时都汇聚于此，可见兴庆宫当年的繁盛。但诗不在此，不在繁盛的正面，真正的诗都诞生在繁盛的背面。李白的诗亦如此。

多平方米的大建筑，登楼可俯瞰远眺宫外的街市。此楼是兴庆宫内最重要的皇家楼台，节日庆贺，盛大宴会，策试科举以及咨询朝政等活动，都在这里举行，曾经极一时之盛。中唐诗人王建的《楼前》写道："天宝年前勤政楼，每年三日作千秋。飞龙老马曾教舞，闻着音声总举头。"八月五日玄宗诞辰为"千秋节"，每年届时盛宴三日于楼上，舞马于楼下。王建的诗追怀天宝旧事，可见当年鲜花着锦烈火烹油之盛。稍后的白居易曾作《勤政楼西老柳》，他着眼的，却是一株可以为历史作证的柳树：

> 半朽临风树，多情立马人。
> 开元一株柳，长庆二年春。

从"开元"盛世到白居易来时的"长庆"年间，一百多年的岁月又已经交给了历史。白居易没有正面写楼与楼中之人，但言开元之临风无情老树，长庆的多情凭吊之人，无限的俯仰今昔之感，便尽在其中。数十年后，杜牧也前来吊古伤今，写了一首《过勤政楼》：

> 千秋佳节名空在，承露丝囊世已无。
> 惟有紫苔偏称意，年年因雨上金铺。

苍苔随意滋生，甚至爬上衔门环的铜制门饰。虽未明说，但勤政楼的破旧荒废已意在言外。时间呵，这是天地间至高无上的主宰，人间任何位高权重者，都休想与之抗衡，哪怕贵为帝王；世上任何坚固的建

春天，柳树半朽，当年的繁盛已不复见，令多情者唏嘘不已。

杜牧是咏史高手。这首诗咏唐玄宗"千秋节"事，暗含讥讽：期等"千秋"是空想。

第一单元

5

筑，也无法经受它的风吹雨打，哪怕坚如金石。

待到我千年后跟踪前来，勤政楼不仅早已人去楼空，而且连楼也早已不知去向，只剩下劫后余生的几个石础，凄凉在蔓草荒烟之中，兀自回忆它们当年所承载的歌声与笑语，煊赫与繁华。能与时间角力并取得胜利的，不是手握重权的帝王将相，而是杰出的诗人和紫苔不侵风雨不蚀的优秀诗篇。这个问题，最好去询问李白，他当年虽然被唐玄宗赐金还山，等于逐出长安，但现在却早已凯旋。在兴庆宫公园内高达三重的"彩云阁"前，在一泓碧水中央，他正以手支颐侧身而卧，长眉入鬓，长髯垂胸。我想前去叩问，但恐怕他还没有从一时的醉酒千年的小寐中醒来。暂时别去惊动他吧，在他的石像之侧久久伫立，我仿佛听到轻微的鼾声。

渭　城　曲

渭城，是秦朝的首都，唐代的重镇，更是诗人的名城。名城呵名城，永远矗立在名诗人的名诗里。

从长安往西40余里，便是曾经作为秦代帝都的咸阳。其名咸阳，大约是因为它在嵕山之南渭水之北而山水皆阳吧。咸阳又称"咸秦""咸京"，时至汉代易名"渭城"，唐诗中或称咸阳，或云渭城，实为一地，如尚颜《送陆肱入关》："舟行复陆行，始得到咸京。"如高适《答侯少府》："赫赫三伏时，十日到咸秦。"他们所说的已都是唐代的渭城了。

对于两千多年前的项羽，我的印象虽然比出身市井的无赖之徒刘邦好得多，对他的英雄末路也颇为同

何谓"咸阳"？了解这个名字，了解一些汉语知识。

情，但他却不该迷信武力轻视文化而作风粗暴，用如流行歌曲所唱的"一把火"，将全国最大的城市咸阳烧成一片焦土，我们至今在杜牧的《阿房宫赋》里，仍可看到那熊熊的火光。但是，如果项羽复生，他纵然能烧掉秦朝的百殿千宫，然而即使再纵火也烧不掉王维的一首绝句。自王维的《渭城曲》一出，千百年来，渭城便更令旅人伤感，离人伤怀，读书人伤情，也令从古至今的诗人伤神。30多年前，诗人郭小川远去西北，他就在《西出阳关》一诗的结尾写道："何必'劝君更尽一杯酒'！这样的苦酒何须进！且请把它还给古诗人！什么'西出阳关无故人'！这样的诗句不必吟，且请把它埋进荒沙百尺深！"当年，我就曾以《新时代的边塞诗》为题评论。小川英年早逝，我也人生易老，迟至不久之前才一骑绝尘，不，四轮生风，奔驰在王维和唐诗人的诗句里。

郭小川故作豪壮语，有时代因由。

　　车出西安，当渭城还在车轮前面，我的心早已从现代飞到了唐代，耳边满是唐诗人对渭城的歌吟。渭城，咸阳；咸阳，渭城，当年是从军戍边的战士的必经之地，所以令狐楚的《少年行》写得意气飞扬："弓背霞明剑照霜，秋风走马出咸阳。未收天子河湟地，不拟回头望故乡。"而李白的《塞下曲》也笔歌墨舞："骏马似风飙，鸣鞭出渭桥。弯弓辞汉月，插羽破天骄。阵解星芒尽，营空海雾消。功成画麟阁，独有霍嫖姚。"这大约是所谓"盛唐之音"吧，此一时也，彼一时也，到了杜甫的《兵车行》中，就只听得一片呼天抢地的哭声了："车辚辚，马萧萧，行人弓箭各在腰。耶娘妻子走相送，尘埃不见咸阳桥。牵衣顿足拦道哭，哭声直上干云霄。"

令狐楚诗比郭小川诗自然，更有豪壮气！李白诗没有丝毫苦味，只有冲天豪气。

左耳听的是壮曲，右耳听的是哀音。顷刻之间，沉思之际，我们的越野小汽车已驰上现代化的渭河大桥。桥梁雄伟，桥面宽阔，两侧雕花的石栏如绣带，路旁成排电杆高擎的，是要到晚上才盛开的簇簇金莲。我触景生情，忽然想起了温庭筠的《咸阳值雨》，于是，现代的咸阳桥上，响起了温庭筠的古典的绝句："咸阳桥上雨如悬，万点空濛隔钓船。绝似洞庭春水色，晚云将入岳阳天。"温庭筠为什么头脑发热，或者说诗思飞腾，将渭水当成了湘水，把咸阳幻成了岳阳？面对夏日干涸得只剩下一线黄流的渭水，我更是心存疑惑，也许当时生态环境未被破坏，渭水也和湘水一样清碧吧，李白的《君子有所思行》中，也曾有"渭水银河清，横天流不息"之句。不过，我还要前去游览汉唐帝王的陵墓，回来时再步行于咸阳桥流连一番吧。<u>待我在唐陵汉墓匆匆怀古之后，回到桥上，已是西风初起夕阳西下的时分了。漫步桥头，我俯仰天地，思接汉唐，不禁感从中来，不可断绝。</u>

唐人写咸阳的诗作不少，佳篇也多。如喜欢写"水"而被人嘲谑为"许浑千首湿"的许浑，就曾作《咸阳城东楼》："一上高城万里愁，蒹葭杨柳似汀洲。溪云初起日沉阁，山雨欲来风满楼。鸟下绿芜秦苑夕，蝉鸣黄叶汉宫秋。行人莫问当年事，故国东来渭水流。"如刘沧的《咸阳怀古》："经过此地无穷事，一望凄然感废兴。渭水故都秦二世，咸原秋草汉诸陵。天空绝塞闻边雁，叶尽孤村见夜灯。风景苍苍多少恨，寒山半出白云层。"但他们的八句，似乎仍不及李商隐四句的《咸阳》：

咸阳宫阙郁嵯峨，六国楼台艳绮罗。

自是当时天帝醉，不关秦地有山河！

刘沧与许浑都是一般性的感时伤逝，而李商隐的诗则不仅有"史实"，而且有"史识"：如果施行暴政而失掉民心，即使皇权神授，哪怕有山河之险，也不免倒台和灭亡。秦始皇如此，咸阳原上埋葬了西汉九个皇帝，十来个唐代帝王，他们不就是历史上来而复去的匆匆过客吗？在李商隐之前，李白早就唱过"乐游原上清秋节，咸阳古道音尘绝。音尘绝，西风残照，汉家陵阙"了。在李商隐之后，鲁迅也曾在《无题》诗中一说"六代绮罗成旧梦"，二说"下土惟秦醉"，化用李商隐诗的典故而借古讽今。

提到咸阳或渭城，就不会忘记王维那首《送元二使安西》，后来因被之音律管弦而称之为《渭城曲》：

渭城朝雨浥轻尘，客舍青青柳色新。

劝君更尽一杯酒，西出阳关无故人。

渭水之上有桥，唐人送人西行，一般都送到渭桥折柳为别，王维的《渭城曲》，写的就是桥边送别的情景。这首绝唱一出，就传诵不绝，后来谱为《阳关三叠》，唐代长庆年间有位歌唱家何戡，就善唱此歌，刘禹锡就曾说"旧人惟有何戡在，更与殷勤唱渭城"，而现代作家郁达夫的《西湖杂咏》，也有"如今劫后河山改，来听何戡唱渭城"之句。然而，此城已非彼城，此桥已非彼桥。隋唐之后渭城城址屡经搬迁，现在的咸阳市，系明代在渭水驿的基础上扩建而成，而唐代的

"绝唱""绝"在何处？不复有能超越者。王维把个体经验上升为普遍经验：不舍与劝勉，担忧与祝福，无奈与豁达……惜别时的诸多情感尽在其中。后人无法超越，就只能引用了。

9

渭城，原址在今咸阳市西北之聂家沟。难怪我先前穿越咸阳市区时，不论如何左顾右盼，怎么也找不到王维送元二出使安西时，相送复相别的那座杨柳青青的客舍，且不说"元二"，连王维自己也不见影踪，不然，我也会去"劝君更尽一杯酒"，和王维一握手而加入送行的行列呢。

当年在"安史之乱"中，唐玄宗携杨贵妃西逃，为阻绝追兵而焚毁渭桥。桥亡河在，那里便成了"关中八景"之一的"咸阳古渡"。我们在新建的咸阳公路大桥上徘徊，久久俯视桥下的渭河流水。来不及去寻访那叠印着李白、杜甫和王维的足迹的咸阳古渡了，苍茫暮色袭上我们的衣袖，远处的长安城已举起万家灯火，在喊我们回到现代的红尘中去。

大 雁 塔

我追踪杜甫、高适、岑参等诗人的足迹，终于在朝阳初升时来到大雁塔，然而，却无法和他们联袂攀登了，我已迟到了一千多年。好像急急忙忙去赴一场盛会，待至赶到会场，早已曲终人散，只留下你形单影只，凭空想象演出的盛况而不胜低回。

唐代的长安，有如现在美国的纽约、法国的巴黎、英国的伦敦、德国的柏林，是当时世界上最壮丽繁华的国际性大都会，也是人类历史上第一座人口超过一百万的城市。在"贞观""开元"之治的盛唐，更是声威远播，万邦来朝。然而，人生有悲欢离合，历史有兴衰更替，"安史"乱后，唐朝江河日下，京都也日渐败落，复经唐末的战乱和兵火，长安城几乎成

怅望千秋

上海著名中学师生推荐书系

国力第一，人口第一，都城第一。长安是名副其实的世界第一。

了一片废墟。时至今天，往日的宫殿楼台千门万户，只能从考古学家绘制的复原图样中去追寻，而昔年的诗酒风流、昌盛繁荣，也只能从诗人流传至今的作品中去想象。

然而，目击唐代盛衰的见证人仍在，那就是唐高宗李治之时修建而屹立至今的慈恩寺内的大雁塔。而先知者的预言呢，那就是杜甫的《同诸公登慈恩寺塔》了，时在唐玄宗天宝十一年，即公元752年的秋天。3年之后，安禄山骑兵的铁蹄，就将关中大地大唐帝国践踏得一片狼藉。其时大雁塔高峙半空，听到了也见到了下界的鬼哭狼嚎，愁云惨雾。

那年秋日同游并同登大雁塔的，有杜甫、岑参、高适、储光羲和薛据，前三位是盛唐的诗坛俊杰，后二人也非等闲之辈。除薛据之作失传外，其他人的作品都流传至今，而且题目大同小异，可谓中国诗史上一次颇有意义的同题诗竞赛。最差的是储光羲的诗："冠上闾阖开，履下鸿雁飞。宫室低逦迤，群山小参差"，这已是他写景的好句，结尾的"俯仰宇宙空，庶几了义归。崱屴为非大厦，久居亦以危"，也不过一般的居高思危之意而已，而且认为万事皆空，只有佛家的"了义"才是最后的归宿。高适与岑参的写景胜过储作不止一筹，高适说"言是羽翼生，迥出虚空上。顿疑身世别，乃觉形神主。宫阙皆户前，山河尽檐向"，岑参说"突兀压神州，峥嵘如鬼工。四角碍白日，七层摩苍穹"，都颇能写出塔的高峙和登临的感受。但53岁的高适，其结句是"盛时惭阮步，末宦知周防。输效独无因，斯焉可游放"，抒发的仍然是一己的怀才不遇之情。岑参的结句是"净理了可悟，胜因夙所宗。

以"退隐宗佛"为消极，是一种偏见，是儒家立场的偏见。

誓将挂冠去，觉道资无穷"，正当38岁的盛年，就想退隐宗佛，也未免过于消极。

在洞箫低吹、单弦缓奏之中，大雁塔的最高层，轰然而鸣的却是杜甫的黄钟大吕之声：

> 高标跨苍穹，烈风无时休。
> 自非旷士怀，登兹翻百忧。
> 方知象教力，足可追冥搜。
> 仰穿龙蛇窟，始出枝撑幽。
> 七星在北户，河汉声西流。
> 羲和鞭白日，少昊行清秋。
> 秦山忽破碎，泾渭不可求。
> 俯视但一气，焉能辨皇州？
> 回首叫虞舜，苍梧云正愁。
> 惜哉瑶池饮，日宴昆仑丘。
> 黄鹄去不息，哀鸣何所投？
> 君看随阳雁，各有稻粱谋。

同题比较，参照系数更大，可比性更强。由此，我们能更清楚看出诗人诗力的高下。

"诗圣"之"圣"常体现在这"第一等襟抱"。杜甫的"忧心"已内化为他的诗思与诗情，所以诗句中常传递一种大悲悯大情怀而自然贴切，且诗意盎然。这有时需要细细咀嚼。

杜甫他们登临咏唱之时，到处莺歌燕舞的大唐帝国已经危机四伏，奸相李林甫和杨国忠独揽大权，斥贤害能，朝政日非，昔日励精图治的唐玄宗，也已经蜕化成为贪图享受终日醇酒美人的腐败分子，安禄山秋高马肥，反叛的旗帜即将在朔风中飘扬。前来登临大雁塔的几位诗人，他们的写景都各有千秋，不乏佳句甚至壮语，但在眼光的锐利、胸襟的阔大和忧国忧民的情怀方面，杜甫之作不但高出其余几位不少，同时也是唐代诗人写大雁塔的近百首作品之冠。时代的深忧隐患，社会的动荡不安，个人的忧心如捣，这一切都交织在"登兹翻百忧"的主旋律之中，全诗就是这一主旋律的变奏。仰观于天，俯察于地，"惜哉瑶池饮，日宴昆仑丘"，他讽刺唐玄宗贪于声色而荒于国事，他预见到时代的动乱有如山雨欲来，因而发出了"秦山忽破碎，泾渭不可求"的警告和预言。"有第一等襟抱，斯有第一等真诗"，前人不早就这样慨乎言之了吗？

前有古人，后有来者。原籍唐朝的大雁塔，千年来一直候我登临。沿着塔内的回旋楼梯，踩着杜甫的足迹，高60多米的古塔将我举到半空之上，凭窗阅读四方风景和千古兴亡。极目远眺，只见浑圆浑圆的地平线，千秋万代以来就和天边青蒙蒙的雾霭捉着迷藏，至今没有了局；低头俯瞰，唐宋元明清早已退朝，即使是月夜，也再听不到李白听过的万户捣衣之声。只见成群的大厦高楼拔地而起，汹汹然想来和大雁塔比高，而纵横交错车水马龙的大街是现代的驿道，喇叭声声向大雁塔宣告：昔日的长安已经不在，你面对的是今日的西安。以笔为生，以笔为旗，有时也要以笔为剑呵，在高高的大雁塔上，我书生气地想。虽然"斯人不可闻"，但"余亦能高咏"，面对八面来风，我高声吟咏杜甫登塔的诗章，以乡音呵湘音。流浪的鸟，过路的云，还有曾经认识诗人的八百里秦川，都在下面倾听。

华　清　池

在登大雁塔而赋诗之后三年，也就是公元755年11月，困守长安10年，最后得到个右卫率府兵曹参军从八品下小官，专司管理武器仓库和公私驴马的杜

甫，从长安去奉先（今陕西蒲城）探望妻儿。他半夜出发，黎明时过骊山，凌晨经华清池。华清宫里，唐玄宗和杨贵妃及大臣们正在寻欢作乐。"朱门酒肉臭，路有冻死骨"，杜甫将沿途的见闻及归家后的感受，写成有名的一代史诗《自京赴奉先县咏怀五百字》。当时没有电话电报和电传，安禄山已经在范阳即今日北京附近起兵，鼙鼓震天，铁骑动地，唐王朝却仍在"形势一派大好"中歌舞升平。

8年过去，干戈扰攘，血流漂杵，生灵涂炭。白发唐玄宗与红颜杨贵妃的个人悲剧，"白骨成丘山，苍生竟何罪"的时代悲剧，都终于烟尘落定，进入了历史，让后人评说。50年后，在盩厔（今陕西周至县）当县尉的白居易和友人议论天宝遗事，不禁感从中来，写下了千古传唱的《长恨歌》。它的主要倾向是咏叹李、杨的爱情，还是讽喻？它表现的是二者兼有的双重主题吗？或者，它主要是抒写诗人自己悲时叹逝感伤家国？白居易没有也不应该直接说明，但却使得后人聚讼纷纭。一代人，黑发争成了白发，一千年，哀史争成了历史，至今也仍然没有定论。

一千年后的一个夏日，再不见剑戟森然的羽林军守卫巡行，也没有高力士指挥下太监们的盘查喝问，大约当年杜甫和白居易都不得其门而入，我却只买了一张窄窄的门票，便昂首阔步跨进大唐的皇家禁苑华清池，于其中悠哉游哉，流连半日。

华清池位于西安城东约70里的骊山之下。山麓温泉流涌，周幽王在这里建过"骊宫"，秦始皇易名"骊山汤"，汉代改建为"离宫"，唐玄宗时更环山筑宫，宫周建城，名为"华清宫"。因融园林宫殿为一体而以温泉为中心，一些宫殿又架筑于汤泉之上，故又称"华清池"。唐玄宗每年农历十月均到此避寒游幸，次年开春才回到长安。在封建时代，朕即国家，唐玄宗在华清池初逢儿媳杨玉环，惊为天人，辗转反侧，于是他"曲线救国"，将玉环度为道士之后再册立为贵妃，其时杨贵妃才27岁，而唐玄宗已是垂垂老矣，奔61之年。"春寒赐浴华清池，温泉水滑洗凝脂。侍儿扶起娇无力，始是新承恩泽时"，于是，华清池便成了他们的游宴之地与温柔之乡，后来因白居易的一曲《长恨歌》，更是名闻遐迩。

这里曾演出过为博妃子一笑而"烽火戏诸侯"的荒唐剧。

　　鼎盛时期的华清池宫苑，从骊山山麓一直延伸到如今的临潼县中心。沧海桑田，今日整修后的华清池，已只是旧时的一小部分，如同泱泱上邦沦为蕞尔小国，一国首富降为中产人家。但进得宫来，你仍可以感受到一派富丽豪华的皇家气象：回廊如带，水波似镜，绮户低垂，檐牙高啄。在仿唐新建的宫殿里，你当然已见不到演出霓裳羽衣舞时那翻飞的长袖，在新发掘的原来专为贵妃修建的浴池"海棠汤"旁，你当然也无缘得见贵妃如一朵出水芙蓉。西绣岭第三峰峰顶东侧，有唐代长生殿遗址，那本是侍神的斋寝，白居易时隔数十年，又未能到华清池实地考察，故在《长恨歌》中误将其作为李、杨的寝殿。实际上，"夜半无人私语时"的寝殿是"飞霜殿"，在海棠汤之北。七月七日月明之夜，如果你来原址侧耳细听，也许还能听到唐玄宗和杨贵妃山盟海誓的私语之声。如果你听不到，你说，那必要时就只好请高居其上的骊山出面作证了。

　　可以作证的，不仅有耳闻目见的骊山，还有唐人

的诗句。除了杜甫和白居易之外，曾作《宫词》百首的中唐诗人王建，追念开元盛世，也有《华清宫》一绝："酒幔高楼一百家，宫前杨柳寺前花。内园分得温汤水，二月中旬已进瓜。"吴融的《华清宫》则颇有杜甫诗的遗风："四郊飞雪暗云端，唯此宫中落旋干。绿树碧帘相掩映，无人知道外边寒。"而多忧时感世之作的杜牧呢？他的《过华清宫绝句》三首，则更是时代的诗的证言：

驿马飞奔，不是为军情政事，而是为皇妃赶送荔枝。

这边已是鼙鼓动地，喊杀震天，那边却依旧歌舞升平，醉生梦死。

这边还以之为心腹，那边却早已暗藏杀机。

杜牧咏史诗令人深思。

长安回望绣成堆，山顶千门次第开。
一骑红尘妃子笑，无人知是荔枝来。

新丰绿树起黄埃，数骑渔阳探使回。
霓裳一曲千峰上，舞破中原始下来。

万国笙歌醉太平，倚天楼殿月分明。
云中乱拍禄山舞，风过重峦下笑声。

封建时代的中国，是君主集权专制的国家，所施行的是生杀予夺皆出于帝王的人治，帝王本身的素质和才能如何，往往决定国家的兴亡和苍生的苦乐。唐玄宗本是英明有为之主，但在位时间过长，长达45年，又无监督机制，到后期已经从明君变为昏君，导致天下大乱，国事不可收拾。观今宜鉴古，无古不成今，杜牧的诗，岂可只视为感慨一时一姓的盛衰吗？

漫步华清池内，在写华清池的唐人诗句中神游，我恍兮惚兮，思接千载。待到回过神来，一千多年的时光早已随风而逝，唐玄宗和杨贵妃也早已一去不回。只有逶迤骊山，仍高高在上，俯瞰尘世，唯有温泉流水，仍汩汩潺潺还似旧时。

灞桥柳

　　汽车往东奔上西安到临潼的高速公路，风驰电掣20余里，便到了史名与诗名俱盛的灞桥。晚唐诗人郑綮说，他的诗思在灞桥风雪中，驴子背上，后代遂以"灞桥诗在""灞桥风雪"指作赋吟诗。今日我来是乘坐现代的桑塔纳，而且是其热可比南方的盛夏，我不想风雪中吟诗，驴背上得句，但是，灞桥杨柳能赠我一章散文吗？

　　长安之东有灞河，原名滋水。春秋时秦穆公称霸西戎，竟然不管滋水愿意不愿意，竟霸道地径行将它改名为灞河。秦穆公早就不在了，但阅尽千古兴亡、流过唐宋元明清、读过无数灞桥折柳诗篇的灞河仍在。灞河之上，秦穆公建有以舟相连的便桥，汉代定都长安，才正式兴建砖木结构的桥梁，后代许多桥梁如至今犹存的赵州桥，都是它的后辈子孙。没有河就没有桥，如同没有树就没有果实，但灞桥的名声却远在宽约四百米的灞河之上。自秦汉以来，它沟通北中国的东方与西方，是官员与百姓东去西来一桥当关的重要关卡和通道。灞桥两岸，广植杨柳，汉唐之时行人由长安远去西北，亲友们送到渭桥折柳为别，而从长安远去东南呢？则于灞桥折柳相别。暮春时节风中柳絮如雪花，不知由哪些评委评定，"灞桥风雪"就进入了"长安八景"之列，而灞桥也就成了中国历史和中国诗史中的一座名胜。

渭桥与灞桥，一西一东，皆为长安送别胜地。

17

折柳送别取谐音"留"之意。代代相承，已成一种仪式。唐时对很多人来说，灞桥折柳送别更多了一重悲伤，因为长安为都城，而离开京都者多为落魄之人。

这种现象少见。

抬杠亦有道理。

柳短了，离别长了，亦可解。

桥上飞花桥下水，断肠人是过桥人。五代王仁裕《开元天宝遗事》说："长安东灞陵有桥，来迎去送皆至此桥，为离别之地，故人呼之为销魂桥。"离别少不了柳条，甚至还有箫管伴奏，那至今没有消逝的箫声，从李白的《忆秦娥》中越千载而传来："箫声咽，秦娥梦断秦楼月。秦楼月，年年柳色，灞陵伤别……"李白这首词，上片歌长安东南之灞陵伤别，下片咏长安西北之汉家陵阙，柔婉与悲壮兼而有之。至于说到"年年柳色"，在李白之后，盛唐的戎昱也曾在《途中寄李二》中咏叹：

> 杨柳含烟灞岸春，年年攀折为行人。
> 好风若借低枝便，莫遣青丝扫路尘。

从诗中可见，当时河滩东西，官道两旁，杨柳低垂而枝条拂地。附带提及的是，此作在《全唐诗》中也归属于李益名下，而且题目相同，同时又属于另一位诗人杨巨源，只是题目为《赋得灞岸柳留辞郑员外》，一诗三主，如果其中一人像当代某些作者一样动辄诉诸法院，不知法院如何宣判版权所有。届时只怕要请灞岸之柳出庭作证。也许是多年来攀折者太多，加之后来者不愿重复前人，要故意抬杠，于是我们又见到另一种景象，中唐时的韩琮在《杨柳枝词》中就写道：

> 枝斗纤腰叶斗眉，春来无处不如丝。
> 灞陵桥上多离别，少有长条拂地垂。

两位诗人虽都是唐人，但异代而不同时，所见所

18

感同中有异，也都各有妙趣。你如果觉得柳长柳短不知听谁的好，那就兼听则明吧。

将车停在灞水桥头，我们在桥上漫步，左顾右盼。公路两旁仍然绿柳依依，毫无疑问是唐柳的不知多少代的苗裔。宽阔的河床上则到处是沙洲绿滩，枯瘦的水流像中国大地上它的许多同行一样，都已经患了污染之疾。<u>什么时候灞水还能像唐代一样清碧丰沛而一苇可航呢？</u>虽然其清明浩阔已远不如从前，但一千多年的风沙吹过去，李白写灞水的《灞陵行送别》却仍然流光溢彩，如同刚在纸上一挥而就那样新鲜：

> 送君灞陵亭，
> 灞水流浩浩。
> 上有无花之古树，
> 下有伤心之春草。
> 我向秦人问路歧，
> 云是王粲南登之古道。
> 古道连绵走西京，
> 紫阙落日浮云生。
> 正当今夕断肠处，
> 黄鹂愁绝不忍听！

我的前辈同乡王夫之先生，在《唐诗评选》中曾说这是"夹乐府入歌行，掩映千古"的杰作，不知他当年是否到过灞桥。我往日读这首诗，也只是在故乡长沙，人隔千里，且局促于小小的斗室书房。今日有幸一睹此水，亲履斯桥，我当然便忘乎所以地高吟起来，不管那座现代化的钢筋水泥桥梁听得懂听不懂，也不

"乐府"因入乐要求，音韵节律相对要求较严，而由乐府发展而来的歌行相对要求较宽，句式自由，灵活多变。

管桥下年高体迈的古老灞水听不听得清。我只顾自己心血如潮，放声吟诵，李白正在唐朝正在千年的那一头倾听，我毫不怀疑，你信不信？

曲 江 池

未到曲江池，好像美人如花隔云端，令人心神向往；来到曲江池，美人已化为黄土泥土尘土，你会又一次憬然领悟人生的短暂和世事的沧桑。

还是在少年时，我就已经从唐诗中和历史读物里初识曲江池了。长安城外约5公里的东南方，离大雁塔不远，有一处游览胜地，秦代名"宜春苑"，汉代叫"乐游园"或"乐游原"，其中有盛开荷花的芙蓉园，还有一处弯弯曲曲长约7里的湖泊，人称曲江或曲江池。这里美如江南：湖水清亮似绿绸，夏天在水面绣了许多红莲与白荷；近岸处则是菖蒲与菰米的天地，湖畔柳丝拂地，乔木参天，亭台楼阁在两岸凌波照水，如同在举行盛唐的时装展览。从唐代中叶开始，进士们及第后要去大雁塔题名，来曲江池畔的杏园举行宴会，"及第新春选胜游，杏园初宴曲江头"，这就是刘沧《及第后宴曲江》的开篇自白。唐玄宗为了自己和贵戚们的游乐之便，由大明宫至兴庆宫往南直至芙蓉园和曲江，沿城墙修了一道两边是城墙中间是行车大道的"夹城"，他们心血来潮，就可以从夹城直趋曲江。"花萼夹城通御气，芙蓉小苑入边愁"，这是杜甫在《秋兴八首》中的记叙。每年阴历三月初三，到水边除垢呈祥是自古相传的习俗，唐代上至皇亲国戚，下及百姓平民，也纷纷到曲江游赏，风光更是盛极一时。

我慕名远道而来时，曲江早已面目全非。当年的曲江池，已变为一大片低洼而弯曲的麦田。麦田周围树木稀疏，工厂的烟囱在吞云吐雾，民房与厂房踵接肩摩。"鱼戏芙蓉水，莺啼杨柳风"，张说的鱼戏与莺啼呢？"穿花蛱蝶深深见，点水蜻蜓款款飞"，杜甫的蜻蜓和蛱蝶呢？"更到无花最深处，玉楼金殿影参差"，卢纶诗中那些映水的玉宇琼楼呢？不只是现在的我已不复得见，唐代末年的诗人豆卢回，在他仅存诗一首的《登乐游原怀古》中，也早已说"昔为乐游苑，今为狐兔园"，而到北宋诗人李复的笔下，曾极尽繁华的曲江，就已经是"唐址莽荆榛，安知秦宫殿"了。

这些诗句都印证了当年曲江池之昌盛。

曲江池的由盛而衰，除了水源枯竭这一自然灾难之外，关键在于人祸。后期的唐玄宗，由英明之主变为昏聩之君，任用奸人，远斥贤者，朝政与国事日非。因宠爱杨玉环，他竟在同一天封大姨为韩国夫人，三姨为虢国夫人，八姨为秦国夫人，每人每月赐可买500担米的10万钱作脂粉费。杨玉环的堂兄杨钊，本是游手好闲的纨袴无赖，玄宗认为"钊"字由金刀组成，有失吉利，故赐名杨国忠，并作为李林甫的接班人当了宰相。他一身而兼40余职，百般诬陷正直有才之士，千方迎合贪图享乐的玄宗，贪污受贿不计其数，仅细绢就收藏3 000多万匹。他曾对人说，他是碰上了机会，此时不捞，还不知日后是什么下场，名声无所谓，还不如眼前尽情快活。这倒可以作为现代的贪官污吏的前车之鉴。现代的脏吏邪官，群众视之如同瘟疫寇仇，他们的名言"有权不用，过期作废"，恐怕是其源有自吧？"三月三日天气新，长安水边多丽人。……就中云幕椒房亲，赐名大国虢与秦"，杜甫作

这些数字已不再枯燥，而是生动地呈现了唐玄宗的昏聩与杨氏的贪婪。

于安史之乱前夕的《丽人行》，揭露了皇室的追欢逐乐，骄奢淫逸，而结束全诗的"炙手可热势绝伦，慎莫近前丞相嗔"，批判的锋芒，直指其下场仍与金刀有关并不吉利的杨国忠。有识有胆的杜甫，真不愧"诗圣"这一光荣尊贵的称号。

安史之乱，是唐朝也是曲江池由盛而衰的转折点。安史乱后，唐朝已成了一轮不可逆转的西下夕阳，而往日如同美人的曲江池，也日见形容憔悴，无复盛时的风华。"少陵野老吞声哭，春日潜行曲江曲。江头宫殿锁千门，细柳新蒲为谁绿"，这种时代的沧桑巨变，长安沦陷时落于敌手的杜甫，在《哀江头》中已有身历目击的反映。数十年后，忧心国事的李商隐也写了一首《曲江》：

望断平时翠辇过，空闻子夜鬼悲歌。
金舆不返倾城色，玉殿犹分下苑波。
死忆华亭闻唳鹤，老忧王室泣铜驼。
天荒地变心虽折，若比伤春意未多。

而应该与此诗写作时间相近的《乐游原》，就更为概括而警策。胜地的衰败，唐王朝的日之夕矣，自己年华老去而壮志难申的悲哀，眼前景，世间事，心头情，无限丰富的内蕴和意韵，一起压缩在寥寥20个字里，有如冰镇了千年而新鲜一如昔日的多味之果，让后世的读者重新品尝它的苦辣酸甜。

"向晚意不适，驱车登古原。夕阳无限好，只是近黄昏。"唐朝，早已降下永远不再升起的帷幕；李商隐，也早已转身走进了台后，再也不会出场。在李商隐驱车吟诵过的乐游原，在穿过原来曲江池的"雁引公路"旁的高地上，回眸20世纪那一轮饱经沧桑的落日，面对地平线上那欲吐未吐的晨光，豪情未衰，热血未冷，且让我张开筋力未老的臂膀，抱起新世纪的第一轮朝阳！

■ 客舍并州

一

　　并州，这个曾经照亮过中国诗歌史的名字，就是今日山西省之省会太原。"太原"之名其来也久，古人曾说"太原，原之大者"，故太原也即"大平原"之意。山西省四周崇山峻岭，而汾河两岸则平原广袤，所以远古之时就泛称汾河流域为"太原"，直至春秋后期才词有专属，"太原"才专指现在的太原地区。不久之前，我曾从杏花春雨的江南，远赴白马秋风的塞上，山西地处黄河中游，是中华民族的重要发祥地之一，我当然要前去拜访，以了却心中无日不念之的夙愿。于是，我终于在太原作了匆匆数日的他乡之客。

　　然而，我这篇文章的题目没有写成"客舍太原"而是"客舍并州"，却是由于我与诗的宿缘。太原之又名"并州"，乃自汉朝始。中唐诗人贾岛的名篇《渡桑乾》（又云作者乃"刘皂"，诗题为"旅次朔方"）有道是：

> 客合并州已十霜，
>
> 归心日夜忆咸阳。
>
> 无端更渡桑乾水，

却望并州是故乡。

认他乡作故乡是一件伤心的事。但曾经久留之地，离别之后自会产生乡关之情。

对这座黄土高原东畔晋中盆地北缘的城市，我早在儿时就于贾岛的诗中相识。贾岛作客并州长达10年，而千年之后的我却只是来去匆匆7日。山水有缘，人也有故，便径行借用他的诗句之半作了我这篇文章的题目，我想贾岛如果有知，也会欣然首肯的吧。

无巧不成文的是，我们的下榻之地，正是位于市中心迎泽大街的并州宾馆。从公元前497年古晋阳城问世算起，太原已有两千五百年的历史，乃中原北门的军事重镇，有"北方锁钥"之称。所谓"东带名关，北逼强胡，……斯四战之地，攻守之场"，往日的雄风胜概，令人至今仍凛然可想。这里也是唐代李渊、李世民父子的"龙兴之地"，他们就是于此起兵，战马奔腾出一个新的鼎盛王朝，旌旗飞舞出历史上的大唐时代。虽然历经桑田沧海，今日太原城内古迹已经不多，只有位于城之东南隅建于明代的崇善寺，以一座仅存的大悲殿，向人诉说火灾劫后的余生，而更南的永祚寺内，那从明代至今依旧巍然高峙的双塔，也年年在秋风夕照中追忆已经远逝的历史。但是，今日的太原确乎依然有王者之风，城区四展，广场宏大，马路宽广，高楼耸峙，主要街道来去竟然共有8条车行线，那种气象，直追北京东西长安大街的项背，如果李世民的昭陵六骏复活，足可以供它们并辔以驰驱。然而，我非武士而是文人，我感兴趣的不是往昔的干戈杀伐，而是诗人的翰墨流风。

"胜概"即"胜事""胜景"。

山西堪称地灵人杰，而并州更是人文荟萃之区。即以唐代而论，且不说唐宋八大家之一的柳宗元和花

25

间词派的鼻祖温庭筠，籍贯并州的，除了自称"太原白氏"的唐代诗坛第三号人物白居易之外，至少还可以数出"三王"——王之涣、王昌龄和王翰，他们即使没有任何其他作品，仅仅只有一首《登鹳雀楼》（"白日依山尽"）、《出塞》（"秦时明月汉时关"）、《凉州词》（"葡萄美酒夜光杯"），其名字也可以历经时间风沙的吹刮而不朽了。何况有前来作客的李白，写下了格调高逸的《太原早秋》，何况还有前来凑兴的贾岛，也反复其言地把并州写进他的诗行里。昔日大学的同窗尹世明君，陪我在城内寻寻觅觅，却始终找不到白居易的半点踪影，也不见"三王"与李白的哪怕是飘然而过的一角衣衫，我无法请他们把酒言诗并把袂同游了，千秋异代不同时，真是令人惆怅。回到并州宾馆，我只有痴痴地等待贾岛，也是作客并州的他，或许会前来敲门吧？

入夜，门上有啄剥之声，我一跃而起，但来者并非贾岛，而是供职于北岳文艺出版社的友人解正德君，他是拙著《写给缪斯的情书——台港与海外新诗欣赏》的责任编辑。他说已经买好了北去五台山三日游的汽车票，所费不菲，明天凌晨便可结伴起程。

二

五台山包括东西南北中五峰，环周500里。原有庙宇360座，现仍有100余座，而台怀镇的庙宇从东汉永平年间开始修建，寺庙之多，为五台山之最，而"佛光寺"则是今日唯一可见的唐代建筑实物。次日，我们在台怀镇四山的庙宇中瞻拜，只见白塔钻天，红墙覆地，殿宇辉煌，黄瓦耀目，香烟在钟声中袅袅，青灯于古佛旁荧荧，<u>我们随滚滚人潮在众庙之门众妙之门涌进退出，只感到庙不可言妙不可言。</u>

同音仿造，妙不可言。

说庙不可言也不全是事实，我印象最深的为"二顶"，一是菩萨顶，一为黛螺顶。菩萨顶位于高峻的山巅，山门外共有108级石阶，佛家说人生有108种烦恼，据说登至石阶顶端，即可将所有的烦恼踩于脚下。我奋力攀登而上，也顾不得诸多烦恼是否都已化为云烟，便和正德去顶侧的"康熙行宫"浏览，康熙5次巡幸五台，4次宿于菩萨顶。在昔日的行宫禁地，我们也大摇大摆地摄影留念。在庭院中，只见两株古松撑起一角青空和几百年悠悠岁月，往日帝王的丰功伟业与赫赫声威，都化作了炎阳下香炉里的袅袅青烟。黛螺顶与菩萨顶隔台怀镇而相对，合奉五个台顶的5位文殊菩萨，108级青石台阶如石瀑，从山顶的五方文殊庙前奔泻而下，从山脚仰望，只觉庙顶压人眉睫，不胜重负。我携5岁的小外孙虹豆歇歇爬爬，攀援而上，在"五方文殊殿"进香。我乃碌碌于尘世的凡夫俗子，不敢想望在人世间烦恼全消、六根清净，但在商潮澎湃、物欲高涨的时代，我坚守的是书房那一方净土，文殊菩萨主管智慧，我不祈祷菩萨保佑我日进斗金，如能启我智慧，增长我的无贝之"才"，让我手中的秃管变成一支生花的彩笔，则于愿足矣。

黛螺顶居高临下，将山下的古寺旧庙都一一招来眼前，那是中国佛教史一幅幅重要的插图。我不由想起唐诗人綦毋潜，他当年来游五台，曾写有《宿龙兴寺》一诗：

香刹夜忘归，松青古殿扉。

灯明方丈室，珠系比丘衣。

白日传心静，青莲喻法微。

天花落不尽，处处鸟衔飞。

传说佛说法时诸天感动，撒下香花作为"供养"。《大乘本生心地观经》卷一说："六欲诸天来供养，天花乱坠遍空虚。"

由庄严肃穆的佛界而凡心俗念的红尘，俯瞰车水马龙的台怀镇，似仍听见人声鼎沸，笛音成阵，乐曲飞扬，正德不禁若有憾焉：

"一个人要培养佛性禅心，在心灵深处拓开一片清凉境地，诗书一卷，清茶一壶足矣。在物欲日炽世风日下的年头，佛地也不能独保清净和清静了，佛教圣地竟变成了旅游胜地！"

我想，他大约是指肩摩踵接的人流，纷来沓往各种牌号的假公济私的小轿车，随处可见的不夜城卡拉OK、香格里拉夜总会，以及扩音器中忘乎所以的流行音乐吧！

"夜总会、桑拿浴、卡拉OK入侵到这里，真是不恭不敬。"我说，"但真正的佛教徒不远千里而来，当然心怀虔诚，有些人虽既非教徒也非居士，到这里也该是心存敬畏的吧？佛教导人向善，有助于化社会的戾气为祥和，举头三尺有神明，如果对菩萨都君子不敬而小人不畏，人人都敢于亵渎神明，像'文革'中那样，那就大可忧虑了！"

我们的对话在黛螺顶随风而散。不知对面山巅菩萨顶的菩萨是否听得见，也不知身边的神明们是否听得清。我回过头来，只见五方文殊菩萨法相庄严，默然无语。

张望千秋 ◉ 上海著名中学师生推荐书系

对佛心存敬畏，对万物心存敬畏，应当比"大无畏"更能导人走向"善地"。

三

我们原车从原路返回太原并州宾馆,假日旅游公司让我们又享受了一个难忘的假日。第二天黎明,我们去太原市西南25公里之悬瓮山下朝拜晋祠,梁靖云兄也是大学时代的同窗,他驱车陪同前往。

五台山的庙宇是人与神来往的殿堂,表现了人对天国的追寻和向往,晋祠则是人与史交通的驿站,显示了人对历史的缅怀和对现世的珍惜。这从"晋祠"名称的由来也可以看出。晋祠,原是奉祀西周初年晋国开国侯唐叔虞的祠堂。据《史记·晋世家》记载,原殷商侯国唐国叛乱,为周所诛灭,周成王与弟叔虞戏,封叔虞于唐,故称唐叔虞。叔虞传位于儿子姬燮,因境内有晋水,故改国号为"晋"。李渊父子名国号为"唐",定都长安之后将太原尊为"北京",就是追本溯源,纪念他们的发祥之地。中国人叫"汉人"之外更称"唐人",历史虽然源远流长,但在这里却可以寻觅到源头最早的波浪。

中国人又称"唐人"的根源在此。

晋祠创建的具体年月,已经是一团无法索考的历史烟云了,据文献检索,它最早是矗立于北魏郦道元的《水经注》里:"际山枕水有唐叔虞祠,水侧有凉堂,结飞梁于水上。"即使仅仅从那时算起,距今也有1 500余年的悠悠岁月。夏日的豪雨即兴挥洒,我们在水气空濛中来晋祠作半日之游,刚进大门,便一脚跨进了远古。

晋祠的古迹多达60余处,匆匆半日怎可追踪悠悠的历史?倘若说走马看花,也只能看到花的一枝半枝,如果说蜻蜓点水,那就会连尾巴也来不及打湿了。

沿中轴线的水镜台而前，智伯渠的莲花台上四角，有四尊高两米余的铁铸金人，他们从宋代就站定在这里，神态威武，巨目怒张。是北宋杨令公的部下，还是南宋岳飞帐中的武士？我近前放胆拍拍他们高大的肩臂，仿佛仍有暗鸣叱咤之声从已经远逝的岁月轰然传来。祠区之北有"贞观宝翰亭"，亭内李世民手书1 203字的"晋祠之铭并序"碑文，字体流丽圆转，一派泱泱大国之风。我趋前以目光轻轻拂拭，那遥远的中国历史与中国诗歌的黄金时代，刹那间似觉仍然伸手可及。附近的唐碑亭，有前人集杜甫诗而成的联语："文章千古事，社稷一戎衣。"前者代指李世民所撰的碑文，后者代指他的武功。

"集联"是对联的一种重要形式，好的"集联"往往令人称绝。镇江焦山夕阳楼上集联——"夕阳无限好"（李商隐），"高处不胜寒"（苏东坡）——也是妙趣横生。

晋祠内的人文景观已经领略不尽了，圣母殿两侧那三千年前的周柏，又远从周朝来镇住你左顾右盼的眼睛。它们结队成群，有的依然挺立，神色傲然地冷对时间的风霜，有的虽然力倦精疲而斜靠在邻伴身上，但却始终不肯倒下。最令人惊心的是，它们的根部和大半截身躯虽然俱已筋骨裸露，如同颜色赭灰的化石，但它们却依然不甘年华老去，其上依然枝繁叶茂，华盖青苍！面对这一群树中的长老，时间的见证，阅尽兴亡的旁观者，任你是什么英雄豪杰，也不得不承认人生短如一瞬，不得不叹息人世的短促与天地的悠长！

晋祠后倚悬瓮山，祠内有难老泉，俗称南海眼，为晋水主要源头，故难老泉的联语均与水有关，如"昼夜不舍，天地同流"，如"悬山玩翠，袖海观珠"，如"泉出乎地，地久泉俱久；水生于天，天长水亦长"，而祠内以前确实是处处碧波荡漾，曲水流觞。为晋祠的碧水写照传神的，莫过于李白了。

开元二十三年，李白的好友元演的父亲任太原尹（太原府最高长官），元演曾邀他来游太原，自初夏而至早秋。李白后来在《忆旧游寄谯郡元参军》中说：

时时出向城西曲，晋祠流水如碧玉。
浮舟弄水箫鼓鸣，微波龙鳞莎草绿。

李白虽然喜欢夸张，但那"流水碧玉"与"浮舟弄水"，却纯是写实的笔墨。然而，现在晋祠的流水已经浅可见底，且时有干涸之虞，特别是不知惜福的游人，不断将易拉罐、塑料袋之类的现代垃圾随手抛入古老的水流之中，这大约也是一种遍于国中的"国粹"吧？清流浅涸，船帆不知去向，溪沟脏污，碧玉已经失色，如果李白一朝酒醒飘然再来，看到他的诗句被时间和游客篡改得如此面目全非，不知会作何感想。在高悬"一沟瓜蔓水，十里稻花风"的"流碧榭"前，我不禁思接千载，直到几记清钟穿林越水而来，才将我从想入非非与飞飞中敲醒。

贾岛或刘皂离开作客10年的并州，对并州不免油然而兴乡关之思，我作客只有7日，还来不及把他乡认作故乡。但我也曾北上五台，高攀人与神交接的殿堂，南下晋祠，流连人与史交通的驿站。如今人在江南，且让我匆匆走笔挽留我永远的回想。

现代人过度地浪费资源，不懂得感恩，不知道惜福，实可痛心。

初读这样的文字，只觉得李元洛先生是一老顽童，及再读，多读，读完全卷，你会发现几乎每篇都有这样深情的文笔，它带给你不能自已的情绪激荡。

■ 与李白同游庐山

一

远在唐朝的诗家天子李白，常常使我于千载之后低回怀想。春夜秋宵，在展读《李太白文集》而一灯独对之时，我真希望他忽然从卷帙中飘然而出，和我于书房作长夜之谈；或是在音响中播放今人演唱的李白诗词歌曲，我也总是在不禁心醉神驰，击节而和之际，常常异想天开他也许会按响门上的电铃，来和我作千载一时的聚会。而近在隔邻却无缘一见的庐山呢？那里是山水幽奇之地，风云变幻之场，陶渊明诗中早已多次提到的"南山"，就是它美丽的别名，联合国教科文组织世界遗产委员会，已批准它为"世界文化景观"，列入《世界遗产名录》。古往今来，多少诗人文士留下了他们的吟唱，历朝历代，多少高官贵人在那里演出过他们的悲剧或喜剧，但更使我心神向往的，却是一生好入名山游的李白曾经三上庐山，却是永远奔流轰响在他诗中的那条瀑布。何时能一游庐山而一晤李白呢？时当仲夏，忽接江西《百花洲》杂志的一纸书，邀我忝列"庐山笔会"，我大喜过望，这回不仅可以一偿往游名山的夙愿，而且可以邀李白同游了。

虽自认为是李白的苗裔，可是我十分遗憾，连他的照片都没有见过一张，只怪唐代其时还远远没有发明摄影术。当代画家画李白像的倒有不少，但千载之下信笔由之，都是凭空虚构，有多少是近于"真人"的呢？在世界各地现今珍存的李白画像之中，南宋梁楷的《李白行吟图》极为著名，因年代最早而弥足珍贵。这幅收藏于日本而影印行世的名画，我曾有幸观赏。梁楷生当13世纪前半叶，与李白时代相去不远，他该听到过许多有关李白的传闻，读过不少有关李白的文字资料，或许他还看到过唐人作品中的李白画像吧，其《行吟图》写意又兼写实：一袭巨袍飘然临风，隐约可见民间传说里李白腰间所长的"傲骨"，而相貌则是隆鼻大耳，眼眶深而眼梢长，依稀可见胡汉混血的风貌。——凭这张画像，我们就可以前去迎候而不致错过了，虽然作假行伪古已有之，于今为烈，但古往今来，什么都可以假冒，有谁能又有谁敢冒名顶替李白？<u>何况李白同时代的铁杆崇拜者魏万，在李白有生之年就曾作《李翰林集序》，记录了他万里追踪而终于在古之广陵今之扬州初见李白的印象："眸子炯然，哆如饿虎。或时束带，风流酝籍。"</u>魏万是诗人而非画家，但这真是画龙点睛之笔。杜甫曾写有包括李白在内的《饮中八仙歌》，李白的朋友而被杜甫誉为"潇洒美少年"的崔宗之，也是其中之一，李白后来去金陵拜访崔宗之，崔喜出望外而作《赠李十二白》，他只有一首诗流传至今，但幸亏就是赠李白这一首，其中说李白"袖有匕首剑，怀中茂陵书。双眸光照人，词赋凌子虚"，他也没有忘记写李白人已中年而仍然精光照人的眼睛。李白从千年前飘然而至时，且不要说心灵的感应了，就凭梁楷之画，魏万之言，崔宗之之诗，我们怎么会至于错认？

第一单元

引前人之画之言之诗，写李白之真，李白形象跃然纸上，风流四溢。

33

然而，到唐代路远山遥，时空修阻，我们当代人之间的一些信函尚且不免遗失，何况通古今之邮？我担心《百花洲》的请柬中途或者有误，或一时无法递到，于是我几通电话打到唐朝，辗转相寻，请李白一定赐驾相见：庐山脚下的星子县境，遥望香炉峰的鄱阳湖边。

二

我和青年散文家王开林、小说家聂鑫森乘坐现代的火车，从古长沙载欣载奔而至南昌故郡。然后换乘国产的"桑塔纳"，直去鄱阳湖边的星子县。在星子县之东南隅鄱阳湖之西北角，远眺长江，放眼烟波，心香三炷，伫候李白从千年前高挂云帆而来。

公元724年亦即开元十二年，年方24岁"大丈夫必有四方之志"的李白，"仗剑去国，辞亲远游；南穷苍梧，东涉溟海"，峨嵋山月在船尾，楚国波涛在船头，他离开四川顺长江而东下，开始了他生平的第一次壮游。庐山，喜爱登山临水的李白当然心向往之。船经九江，至湖口，他便从鄱阳湖扬帆南下，至庐山东南之星子县境弃舟登岸，雄秀巍峨的庐山接待过无数高人韵士，它总是昂首天外，睥睨八荒，但这一回，也不禁微俯身躯迎候这位风华绝代的诗人的光临，而李白猛然抬头遥望，香炉瀑布也霎时更洗亮了他原本炯炯有神的眼睛，他便随口而吟成了《望庐山瀑布》这一千古绝唱。我们在湖边等他，也是为了陪他沿原来的路线故地重游，让飞流直下三千尺的瀑水，惊醒他也许因岁月悠长而淡忘了的记忆。

也可以说，是李白"双眸光"点亮了瀑布。于是瀑布流泻着永恒的诗性之光，其奇壮清绝的想象，永远令人惊叹不已。

一艘古代的帆船终于乘风破浪而来，船头卷起千堆雪，一位身着唐代衣冠腰悬长剑的来者傲立船头，剑眉星眼，气朗神清，如同一颗巨星将四周骤然照亮，这就是我们久候而至的李白了。解缆系舟，趋前致候，说不尽的千年行路难，道不尽的异地相见欢。越过古老的田间阡陌，便上了现代的柏油公路，李白说他不知"桑塔纳"车为何物，他过去骑的是高头骏马，于是我们便请他登车，向晴阳朗照下的庐山东南麓缓缓而行。

"庐山风景在山南，山南风景在秀峰"，我们的前面便是秀峰了。秀峰并非一峰独秀，而是香炉、双剑、文殊、姊妹诸峰的总称。秀峰有二瀑，一瀑数十百缕而状若马尾，名马尾瀑；一瀑从绝壁直下千寻，如银河倒泻，俗称"匡庐瀑布"，也就是奔泻在李白诗中的那条瀑布。透过汽车的挡风玻璃，我仔细端详，虽然也觉得它颇为壮观，但并不像李白诗写的那样令人魂悸而魄动。心中不免疑惑，便回头向李白请教，李白若有所思，像是在重温千年前的旧梦，然后朗然而笑：

"我那时正当青春年少，对'开元之治'满怀热情和幻想，也还没有经历江湖的风波与庙堂的挫折，壮志逸四海，豪气干云天，加之时当夏日，山雨忽来，瀑水的声势也远比秋冬为大。我也许是写实而兼写意吧？"

"15世纪末期日本画家祥启，曾作《李白观瀑图》，并题'日照香炉'一诗于其侧，是现存最古的画您观瀑的作品。但他将您画成一位弯腰拄杖的老翁，我看时就觉得和您那首诗作颇不协调，现在经您一说，我就疑团顿释了。"我说。

想象中与李白对话，一是落实文题，二是消释心中疑虑。

荒唐。"文革"中多有荒唐的事情发生。

诗无达诂，见仁见智，但不能以此为理由混淆诗美。若没有李诗，徐诗当然难说是"恶诗"。有了李诗，徐诗劣处就比出来了。李诗中"日照""遥看""飞流""落"让我们明白了诗作产生的基础。"日照"呈"银河"之色；"遥看"缘"银河"之象；"飞流"见"银河"之质；"落"由幻入真写"瀑布"之状。诗性来自想落天外的奇思，但奇思必然要有现实基础。两者结合，便可谓之"诗"；结合得天衣无缝，便可谓妙诗。李诗即如此。

徐诗虽也有想象，但有不和谐处。一是首句之"直"与第三句之"飞"不统一；二是"白练飞"太轻浮，不能必然引出后句之"破"。这就给人以"做"的痕迹，与李诗的"天然"不可同日而语。

先是诗人后来易帜为小说家的聂鑫森，曾数游庐山，他插言说："现在也是夏天，但瀑布的水量已比前辈您那时为小，因为'文革'中有某主事者认为，如此好水白白流失，太浪费了，可以截一部分去灌溉田地，于是这瀑水就被强行分流而消瘦了许多。"

李白不知"文革"为何物，欲言又止，欲问还休，这个"时间差"太长太大，我们也不便多做解释，只于心中暗喜他幸亏没有躬逢其盛，否则也难以逆料后事如何。

将车暂停于公路之侧，一行人便如众星捧月，簇拥着李白沿山路上行，至二瀑汇合之青玉峡，边仰观瀑水，边小作休憩。斯时斯地，触景生情，我自然联想到与李白诗有关的一场笔墨官司。在李白之后约半个世纪，中唐诗人徐凝写了一首题为《庐山瀑布》的诗："虚空落泉千仞直，雷奔入江不暂息。今古长如白练飞，一条界破青山色。"宋代诗人苏东坡对此颇为不满，写下《戏徐凝瀑布诗》："帝遣银河一派垂，古来惟有谪仙词。飞流溅沫知多少，不与徐凝洗恶诗。"苏东坡有自知之明，他似乎没有雄心再去写庐山瀑布，和李白一争高下，而是掉转笔锋去写山，他的《题西林壁》与李白的《望庐山瀑布》，一者写山，一者咏水，是乐山乐水的两颗不夜之珠。对李白咏庐山瀑布的诗，文人相重的苏东坡可谓推崇备至，但对徐凝之作却贬为"恶诗"，是否过于求全责备呢？清人马位在《秋窗随笔》中，认为徐凝的"一条界破青山色"出自《天台山赋》中的"瀑布飞流而界道"，而清代诗人兼诗论家袁枚，则更认为徐诗的三、四句"的是佳语"，并且指责苏东坡的海棠诗"朱唇得酒晕生脸,翠袖卷纱红映肉",比徐凝写得"更恶"。众说纷纭,向无定论,现在李白当前,这一重公案请他了断,不是可以一言以决吗?于是开林率先而言曰:

"青莲老前辈,不知您对苏东坡的评价看法如何?"

"咏庐山瀑布的诗不少,东坡居士说'古来惟有谪仙词',我只能谢谢他的赞赏。众人常说我傲岸不谐,目无余子,其实我的诗文中也有不少赞扬他人作品之辞。说徐凝的作品是'恶诗',也未免贬斥太过了。"

"老前辈所言甚是。"开林说,"不知您听说过没有,现在分行书写的诗大陆叫'新诗',海峡彼岸叫'现代诗'。大陆诗人写瀑布,丁芒的《听瀑》说:'也许是行雨的雷电/疲倦了,来这儿洗沐?/还是东海的波涛/竟在丛山中走迷了路?'台湾诗人写瀑布,余光中的《飞瀑》说:'不是失足更不是自尽/一路从上游奔腾而来/是来赴悬崖的挑战。'另一位诗人的《瀑布》只有两句:'一条拉链/哗啦啦拉开两山翠绿。'他所本的,大概就是徐凝的那两句诗吧。"

"咏庐山瀑布的诗汗牛充栋,从南朝鲍照《登庐山》的'悬装乱水区,薄旅次山楹'起,到清代刘爵湛《秀峰寺》的'曲径随流水,飞泉隐绿烟',不是成百上千,而是成千累万,但真正传诵人口而千古不朽的,却只有青莲老前辈这首诗。"鑫森说,"可见作品珍在精粹,贵在经典,一篇上上之选,胜过万万千千的平凡之作。可悲的是现在许多文人,其实并无一篇可以名世,无一字可以流传,已注定如同过眼烟云,还动辄张扬自己出了多少个集子,发表了多少万铅字,沾沾自喜,两眼向天,自骄且以骄人!"

"太白先生写庐山瀑布不仅有这首绝句,暮年再次登临,还写了一首有名的同题古风,其中的'海风吹不断,江月照还空',被许多诗论家赞誉为'冠绝古今'。"我望了望鑫森和开林,侧身向李白说,"您同时代的诗人任华,追寻您至长安,您已去了江东,他一直以无一面之缘为憾。他写了一首《寄李白》托人带给您,劈头就说'古来文章有奔逸气,耸高格,清人心神,惊人魂魄,我闻当今有李白',并且特别标举'海风吹不断,江月照还空',说'余爱此两句'。可见天地间的大手笔,真是可一而可再! 其实,作家大略可分为'一般'、'优秀'、'杰出'、'伟大'四级,名副其实的伟大作家,百年不遇甚至数百年不遇呵!"

鑫森接过我的话头:"可笑的是,有的人不知天之高地之厚。前些年在一次诗歌研讨会上,一位青年诗人口出狂言,竟然说'李白有什么了不起,我们完全可以超过他的《望庐山瀑布》,我看每句就可以删掉两个字'。超越前人的豪情壮志固然可嘉,但如此目无传统而唐突前贤,浮躁张狂而不自量力,这种人也真是前所未有还看今朝了。"

"青莲老前辈是写'望'中的庐山瀑布,而且是在'日照'的背景之下,而且是明知故问的'疑是',如果每句删去两字,不仅'远望'与'日照'落空,后两句也变成了'直下三千尺,银河落九天',那就不是地震而是天塌,太危险了,太危险了!"开林说时,其表情仿佛真的心有余悸,不,心有"预"悸。

我们在议论之时、放言之际,竟然没有想到要去主动征求李白对这种高论和当今文坛的看法,待我们

难怪许多"新诗"无人阅读了! 这等"诗人"写出的诗会有诗味吗? 如前引那位写瀑布,"拉链"的比喻恶劣,"哗啦啦"的拟声浅俗。

回过神来,想向他询问求教时,他不仅"笑而不答心自闲",而且背负双手,昂首松云,以他的蜀地乡音,放声吟唱他晚年所作的《望庐山五老峰》。此诗虽有隐逸之意,但毕竟仍是黄钟大吕之声,那金石之音在空中久久飞扬,使得水舞风回,山鸣谷应:

> 庐山东南五老峰,
> 青天削出金芙蓉。
> 九江秀色可揽结,
> 吾将此地巢云松。

三

李白高吟《望庐山五老峰》一诗,可能出于不胜今昔之感吧?他写《望庐山瀑布》绝句,正当生命的盛年,有如地平线上初升的旭日,而创作同题的那首古风之时,已是公元756年亦即天宝十五年,过去30多年,红日早已西斜,西天早已漫起向晚的苍烟。经历了供奉翰林的荣光与赐金放还的屈辱,饱尝了四处游历干谒而终于壮志难申的痛苦,他在安史之乱中避居庐山,隐于五老峰之侧的九叠屏。"吾将此地巢云松",他差不多已经完全意冷心灰,打算和自己的诗章一起藏之名山了。千年后旧地重来,他怎能不饶多感慨?

今日的庐山,已远非李白昔时的人烟稀少、山路崎岖,而是宾馆与疗养院踵接肩摩,环山与穿山公路四通八达。如此名山本不应该鸣笛,但大小汽车一齐鼓噪的喇叭噪声,已舍我其谁地代替了生风的虎啸与生怨

爱山爱水的李白只有将生命置于山水中,才能那样灵光四射,英气逼人。"吾将此地巢云松"亦可看作李白皈依山水的真心抒写。

的猿啼。牯岭原来人迹罕至,现在的长街短巷和无所不在的卡拉OK,已经将空山幽谷变成了闹市。我们避开青山中的红尘,在青莲寺的净室借宿一宵,次日经三叠泉而去五老峰之侧的屏风叠。

四

屏风叠又名九叠屏,在三叠泉之东北,因山如九叠屏风而得名,李白在《庐山谣寄卢侍御虚舟》中高唱:"庐山秀出南斗旁,屏风九叠云锦张。"安史之乱初起时,李白在此避难隐居,并筑"太白读书堂"。小小的金丝雀啼鸣的只是自己渺小的悲欢,然而,关心国难民瘼的诗人不会甘心归隐,遁入一己之私的小天地,只是由于报国无门,才像垂翅的大鹏栖息于山岩之间,而炯炯的眼睛仍在注视山外的八方风雨。李白在《赠王判官,时余归隐居庐山屏风叠》中,发出的是积极入世与消极出世在心中相斗相争的长叹息:"大盗割鸿沟,如风扫秋叶。吾非济代人,且隐屏风叠。中夜天中望,忆君思见君。明朝拂衣去,永与海鸥群。"时隔千年,"太白读书堂"已是一片荒烟蔓草,一般的游客对此也已茫然不知,只有李白依稀记得旧时踪迹,他带领我们拨开过膝的山间野草,挥开过眼的历史烟云,在千年旧居之前徘徊凭吊。

旧地重来,触景生情。从李白的眉宇间,可以看到他还在因过去的不幸遭逢而感慨系之,我们也为之不胜凄然。安史之乱中,唐玄宗之子永王李璘在江东起兵,以吊民伐罪相号召,三次派使者去庐山请李白出山,李白出于建功立业一申壮志的愿望,更出于救

李白一生抱济世之宏愿,这样的诗句只能说"诗人之志"与"现实之状"是无法建立起真正联系的。或许这正表明了诗人的纯粹。

40

民报国的赤心热肠，终于应允了永王的征召而做了他的高级行军参谋。但中国历史上文学家而兼政治家、军事家的人物实在不多，才兼文武又大权在握的曹操，应该是屈指可数者之一。许多真正有理想有抱负的文人，在残酷的现实和翻云覆雨的权术之前，常常碰得头破血流，甚至不得全身而还。李白是一位天真烂漫的诗人，在文场上他是泰山北斗，罕有其匹，如杜甫所赞颂的"白也诗无敌，飘然思不群"。他也有诗人的敏感，早在天宝十载北游幽州期间，目睹安禄山的骄横坐大，他预感到唐王朝的危机深重，一场时代的狂风暴雨即将袭来，"日惨惨兮云冥冥，猩猩啼烟兮鬼啸雨。我纵言之将何补？皇穹窃恐不照余之忠诚，雷凭凭兮欲吼怒，尧舜当之亦禅禹。君失臣兮龙为鱼，权归臣兮鼠变虎"（《远别离》），他心中悲吟的，是大唐盛世江河日下的挽歌。杜甫是和李白同一级别的天才，他在《同诸公登慈恩寺塔》一诗中，也曾发出过先知者的盛世危言。对时代有如此敏锐深刻的认识，除李白与杜甫而外，不作第三人想。然而，在争权夺利尔虞我诈的官场上，李白却是一个连段位都没有的白丁，以前供奉翰林时，就连遭那些九段高手的明攻暗算，这一回又作了皇室内讧的牺牲品。即位灵武的肃宗李亨，为了保住自己的皇位，也是攘外必先安内，竟然以谋反之名肆行镇压，李璘被杀，忧国忧民投笔从戎的李白也锒铛入狱，在浔阳（今日之九江市）狱中饱尝铁窗风味。受皇帝控制的传媒与见风使舵的舆论，纷纷对他交相攻击，落井下石，从杜甫诗的"世人皆欲杀，吾意独怜才"，可以想见李白其时的狼狈与悲惨。素来豪放豁达的李白也不禁老泪纵横，

李白入狱并非因为"诗"，并非因为"多言"，而是因为报国而"投错"了路。李白政治上的幼稚进一步印证了他作为"诗人"身份的纯粹与可爱。

浔阳狱中的泪水湿透了他的一袭青衫，也湿透了唐代由盛而衰的历史。据说，幸得李白于其微时对其有恩而后来成为平乱之帅的郭子仪的营救，李白才免于一死，以年近花甲的暮年流放夜郎。真相如何，今日已难确考。

"王命三征去未还，明朝离别出吴关。白玉高楼看不见，相思须上望夫山！"李白当年曾作《别内赴征三首》，鑫森现在虽主攻小说，但对诗却念念未能忘情，在李白当年应召出征之地，他不禁朗吟起来。

"我刚进大学时，就曾写过有关您的论文，发表在中文系的学生刊物《谷风》上。"我对李白说，"正题是'忧国忧民的请缨之歌'，副题是'读李白《永王东巡歌十一首》'，不意今日与您同游，真是不负此生！"

"哦，你的论文可以一读吗？"李白欣然色喜，也许是为了奖掖后生。

"那是我的试笔之作。虽不敢说往事如烟，但逝水年华也已整整四十年，现在恐怕只能去中文系资料室寻觅了。"我为未能保存少作而遗憾，不免喟然而叹。

"我们的故乡在湖南，洞庭湖中的君山也是您的昔游之地。"开林说，"您当年从流放途中归来，途经江汉，在《江夏赠韦南陵冰》诗中说'我且为君捶碎黄鹤楼，君亦为吾倒却鹦鹉洲'，重到巴陵，也在《陪侍郎叔游洞庭醉后三首》中说什么'划却君山好，平铺湘水流。巴陵无限酒，醉杀洞庭秋'。前人评论您这是'胸襟阔大'，我读到的却是汹涌在您心中的那一股抑郁不平之气呵！"

"沧海桑田，星移斗转。那些帝王将相奸佞小人俱已化为土灰，而您的诗章却如百琲明珠，精光万丈。

"碎""楼"，"倒""洲"，"铲""山"，"铺""水"，是否可说是那句"安能摧眉折腰事权贵，使我不得开心颜"的呐喊的具体化？

我们今日有幸和您同游庐山，什么时候，我们能陪你重游洞庭续写新篇呢？"我向李白探问，鑫森、开林的眼神中也满怀期待。

"<u>南湖秋水夜无烟，耐可乘流直上天。且就洞庭赊月色，将船买酒白云边。</u>"提到洞庭，李白就不禁诗兴勃发，豪兴遄飞，他轻声吟哦起昔日的名篇，沉思有顷，说："我本该回去了，在唐朝我还有许多未了事宜。不过，别时容易见时难，老远来一趟也真不容易，等《百花洲》的笔会结束，我们就结伴回湘吧！"

大家喜出望外，不禁举臂欢呼起来。欢声久久不绝，飞扬在庐山的山巅水湄，时至今日，也仍回荡在我这篇《与李白同游庐山》里。

"且就洞庭赊月色""清风明月不用一钱买""天借一明月"——"赊""买""借"——在李白心中，天与人相通相融，这是李白式的"天人合一"。这样的"天人合一"，或许正是李白诗作上天入地、在天地间自由驰骋的深厚原因吧。

■ 独钓寒江雪

将这首诗与李白的《独坐敬亭山》比较，会有不少有趣的发现：一是写法相似。李诗先把"众鸟"赶走，让"孤云"离开，只留下自己和敬亭山相看相悦。柳诗让鸟"绝"人"灭"，只留下自己独钓寒江雪。二是20字中，相同的字有"山""鸟""飞""孤""独"五个。但两诗的意境、主旨、情趣却绝不相同。李诗的虚静意境、皈依心境、人山一体凸显"爱山爱水"之真趣、真情、真谛。柳诗的冰寒意境、孤高心境、"物我分离"彰显"独善其身"之傲岸与悲寂。写法相似，用字相同，旨趣迥异。这就是大诗人。或许柳诗受到李诗的启发，但柳诗绝不是模仿，而是独创。这表明旨趣对作品的意义远大于形式的意义。

时代衰落，家道衰落，但柳宗元并没有颓废，而是"以天下为己任"。

千山鸟飞绝，
万径人踪灭。
孤舟蓑笠翁，
独钓寒江雪。

——柳宗元《江雪》

一

这就是吟唱在柳宗元诗中的潇水吗？我到何处寻觅那位从长安远谪而来行吟水湄的诗人呢？在一个高秋之日，伫立在横跨潇水的浮桥上，俯仰天地水云，极目江流上下，我不禁思接千载地想。不远处有公路大桥凌空而过，工厂笔立的烟囱傲上云天，宣告唐朝当年这一边鄙流放之地早已进入了现代。南方的气候已日渐变暖，此间已很少有冬雪光临了，何况现在正逢秋日，仍然清碧见底的潇水水面上浮光耀金，到哪里可以找到而且登上柳宗元的一叶孤舟，为他披上一件尼龙雨衣，送上一根新潮的不锈钢钓竿，陪他去垂钓满江的寒雪？

中国封建社会发展到唐代，已是如日中天，为后代史家所艳称的"贞观""开元"之治，正是所谓威震四邻而八方来朝的盛唐。然而好景不长，历时八年的安史之乱，使盛唐的灿烂光辉黯然消隐，曾经极一时之盛的唐帝国，奏起的竟是江河日下的悲歌。北中国满目疮痍，未熄的烽火仍在四处燃烧。全国战乱前有900余万户，人口5 000余万，战乱后仅余290余万户，人口1 500余万，损失户口达3/4以上。<u>历史上任何大的动乱，都曾带来可怕的后遗症，非一朝一夕可以治愈，或者竟至于良医束手，药石罔效，这可以说古今皆然，概莫能外</u>。安史之乱后的政治问题，一是藩镇割据，藩将们割地称王，如一堆堆跋扈的野火，朝廷对他们鞭长莫及，常常无可奈何；一是宦官专权，那些缺德少才心理变态的小人阉竖，拨乱朝政，飞短流长，像一群黑蝙蝠在朝廷内外翻飞。痛定思痛，乱后思治，有理想有抱负的仁人志士对国势的衰颓痛心疾首，他们呼喊于朝，奔走于野，常常临风回首，想重温盛唐时代的好梦与雄风。于是，一股强大的中兴思潮，就在社会上奔涌激荡。柳宗元之前的中唐诗人元结在任湖南道州刺史时，曾请大书法家颜真卿以擘窠大字书写他作的《大唐中兴颂》，铭刻在祁阳县郊浯溪的巨石之上。千古不磨，至今石刻巍然而且岿然，为千年前有志之士的梦想作无声而胜有声的旁证。

在元结抱恨以终的次年，京城长安迎接了柳宗元呱呱坠地的第一声啼哭。柳宗元祖籍蒲州解县（今山西省运城市西南解州镇），又云"山西永济县"，故后来人称"河东柳宗元"。出身于虽已衰落但几代人曾封侯拜相的士林盛族，他决非古今皆然的那种坐享其成败事有余的纨绔子弟，继承了父亲柳镇刚直倔强的性格，父亲的热血也在他的血管中奔流，而身经目睹

的时代动乱，以及自幼传承的儒家"仁政""民本"的观念，更使得强烈的忧患意识与兴亡之感，如熊熊的火焰燃烧在他的心中，他决心奋发有为以振兴国家而光耀门庭。少年春风得意，柳宗元21岁中进士，26岁考取吏部的博学宏词科，从集贤殿正字而蓝田县尉而监察御史，刚刚过而立之年，他已升任官阶从六品上的礼部员外郎。他的文名也与日俱隆，直追当时高举古文运动大旗的韩愈。在政治上他踌躇满志，准备一显身手，虽然他的好友刘禹锡曾说他们热心于做治国平天下的政治家，而并不甘于仅仅做一名舞文弄墨的文人，但其时文坛声望最隆者，也是非刘、柳二位而莫之他属的了。

历史给了忧国忧民的志士仁人一次机会。永贞元年（805），唐顺宗李诵继位，立即提拔王叔文为起居舍人充翰林学士，实际上主持政务。柳宗元、刘禹锡等时代的精英均得到重用，于是，史家传为美谈的"永贞革新"便拉开了序幕。他们惩办污吏，削弱藩镇，整顿财政，打击宦官，雷厉风行的新政给百姓带来了希望，给国家带来了曙光。然而，阴阳其人的宦官、肉食者鄙的官僚与飞扬跋扈的藩镇，乘李诵中风病重之机，纷纷麇集在急于抢班夺权的皇太子李纯的门下。李诵八月初四退位，历时不到半年的永贞革新便匆匆闭幕。八月初六出任"监国"的李纯，迫不及待地立贬王叔文为渝州（今四川重庆）司户，王伾为开州（今四川开县）司马。九月，柳宗元、刘禹锡、韩泰、韩晔、陈谏、凌准、程异、韦执谊贬为远州刺史，恶贬意犹未足，又雪上加霜，在他们赴任途中加贬为远州司马。贬斥之人数众多，贬斥之地区遥远，贬斥之时间

封建时代"一朝天子一朝臣"之说又一次得到印证。有点类似现代的组阁，但性质完全不同。

长久——除凌准、韦执谊和程异之外，其余5人均在贬所度过了10年岁月。这就是唐代有名的也是历史上罕见的"八司马"事件。

柳宗元先贬韶州刺史(今广东韶关市)，半路上再贬为永州司马。不久之前，33岁的柳宗元还运筹帷幄，壮心不已，而在新贵们弹冠相庆之时，他自然是斯人独憔悴了。九月中旬，他悄然而凄然地离开长安，先是陆路后是水程，悲风苦雨和他一路作伴，待到他的孤帆从洞庭湖飘到湘江时，就已是淫雨霏霏连月不开的冬季。途经湘江与汨罗江会合之处，"后先生盖千祀兮，余再逐而浮湘"，他当然想到古今同慨的屈原，便写下了《吊屈原文》这篇骚体杰作。柳宗元说他在屈子之后千年放逐江湘，我们今日又是柳宗元的千年之后了，当你行经汨罗江畔，只要你有心倾耳细听，江风仍会吹来柳宗元吊人亦以自吊的歌吟：

> 吾哀今之为仕兮，
> 庸有虑时之否臧？
> 食君之禄畏不厚兮，
> 悼得位之不昌。
> 退自服以默默兮，
> 曰吾言之不行。
> 既媮风之不可去兮，
> 怀先生之可忘？

他在运交华盖的放逐途中，仍然抨击朝廷官员只怕自己俸禄不厚、官运不昌，而不忧虑国家的治乱兴亡，他虽然有志不申、回天无力，但仍表示不改初衷素志，而且

屈原、贾谊、司马迁、柳宗元，相同的济世之志，相似的被排挤打击，相承的不屈傲骨，相知的妙手文章。面对这样的文化，谁还能无动于衷？

47

决心效法前贤，这正是古代入仕的优秀知识分子的可贵传统。山一程，水一程，当年年底，呜咽的湘水还有飞舞的雪花，终于将他的座船送到了永州。

苦闷、委屈、痛心、气愤、绝望，百感交侵伴随了柳宗元的永州10年，但他唯独没有屈服，唯独不肯认错。在这位政治家和诗人身上，既集中表现了中国优秀士人关注国难民瘼的博大襟怀，也显示了三军可夺帅也匹夫不可夺志的浩然正气。

从事业辉煌的高峰，突然被一阵旋风扫落万劫不复的深谷，从车如流水马如龙的长安，突然贬到远在两千里外人烟稀少的荒远之地，柳宗元身心两方面所经受的艰难困苦，千载之下的我们都可想而知。唐代的永州，下辖零陵、祁阳、湘源三县，处于湘、桂交界的山区，是远离中原政治、文化、经济中心的"南荒"，而柳宗元的全衔是"永州司马员外置同正员"，所谓"员外置"，即在编制之外。"俟罪非真史"（《韦使君黄溪祈雨见召从行至祠下口号》），他不是有具体政务的官员，而是戴罪流放的囚徒，何况朝廷在一年之内连颁四次诏命，规定"八司马"不在宽赦之列，柳宗元当然没有北归的希望。且不要说当朝新贵与趋炎附势之徒对他的交相诽谤和攻击了，谤声四起，落井下石。这种炎凉的世态和冷暖的人情，在人生舞台上是传统的保留剧目，时至今日，我们不少人都当过观众或是演员，或者兼有演员与观众的双重身份。柳宗元妻子早亡而未续娶，到永州不及半年，和他相依为命陪他远道而来的老母卢氏，因长途跋涉加之水土不服而染病亡故。柳宗元是独生子，母亲客死异乡，"穷天下之声，无以舒其哀"，他自然悲从中来，不可断绝。三四年后，由于精神和肉体的双重磨难，本当年富力强的柳宗元，就已经百病交侵。其中最严重的是"痞病"，脾脏肿大而饮食难进。他从市场上买来可健脾安神的茯苓，竟然是以芋头之类冒充的假药，服用之后病情反而加重，可见当今盛行的"假冒伪劣"产品，早已其来有自。总之，还没有到不惑之年，柳宗元就已齿牙疏松，白发丛生，真是年未四十而齿摇摇发苍苍了。

然而，"无忘生人之患"的柳宗元，始终没有像陶渊明那样决心归隐，到后来，满怀悲痛已逐渐冷却为不泣之悲无泪之痛的他，也始终坚持自己坚如磐石的信念和正气凛然的风骨，与他的好友刘禹锡一样，至死也不肯违心地认错检讨，虽然那种"检讨书"甚至"认罪书"在20世纪某个历史时期的中国，一度十分兴旺发达。"永贞革新"的领袖人物王叔文，贬官后第二年就被宣布为乱国的罪魁祸首而被处死，于是众口铄金，舆论一律斥之为"小人"，与他有交往的人有的反戈一击，检举揭发，往日趋奉唯恐不及者，此时避之唯恐不及，像躲避致命的瘟疫。<u>这当然也是古今皆然的人情之常，但柳宗元在给他人的书信中，却偏偏要说他和王叔文"交十年"，关系"亲善"，并且"奇其能"，与他可以"共立仁义，裨教化"。</u>他还给王叔文病故的母亲写过一篇碑志，仍然全面肯定和公开称颂王叔文。柳宗元生前曾请刘禹锡代为编次文集，在风雨如磐阇故园的政治环境中，柳宗元以戴罪之身，居然还保留了这篇文章，真可谓"冒天下之大不韪"。如果我们今天还能在永州或他再次贬谪的柳州碰到他，一定能见到支撑他瘦弱的身躯的，是至刚至正的傲然风骨，假如你以现代的礼节趋前亲热地拍拍他的

"至死不悔"所以感人，是因为只有少数"非常之人"才可以做到。

既可看出柳宗元之高洁，亦可看出唐代社会有一定的私人生存的空间。不然，柳宗元因"文"得祸了。是否可以说，唐代没有将"诗文"与"政治"紧密联系起来？

肩膀,当会听到他担荷道义的铁肩发出的铮铮之声!

柳宗元贬谪永州10年,前5年客居永州城内潇水东岸高处的古寺——龙兴寺,据说这里原是三国时蒋琬的故宅,吴军司马吕蒙也曾在这里居停。后来柳宗元又移往法华寺构西亭以居。现在,龙兴寺早已渺无踪迹,连一块唐代的砖瓦也无处可寻,而法华寺新近重修,寺门的一副联语,追怀的正是永州昔日的人文之盛,以及如滔滔潇水一样一去不回的时光:"唐代各庵子厚旧居精篇佳作今犹在,当前胜迹怀素故里法音妙谛又重宣。"我渡潇水而东,直上高岸上的法华寺,凭高远眺,西山虽已童山濯濯,无复当年的苍翠深蔚,但它仍蜿蜒在柳宗元的散文名篇之中;临风俯瞰,潇水的下游虽已有污染,但眼前的这一段也仍然清碧在柳宗元的千古诗句里。然而,柳宗元在哪里呢? 他还在独钓寒江吗? 我问寺门前见证过千年往事的古樟,苍老光秃的古樟如同齿发尽落的老人,枝丫摇风,似乎在喃喃些什么,可惜我听不懂它的方言。

二

前人有诗说:国家不幸诗家幸,赋到沧桑句便工。此语当然有理,不过,在过去的时代里,不仅是国家不幸,而且诗人自己也有不幸的遭遇,才能写出血泪交迸与苍生息息相通的诗文。如果屈原得意于庙堂之上,李白沦为供奉之臣,杜甫也居则华屋高楼、行则轻车肥马,那中国诗歌史定将黯然失色,如同夜空最灿烂的星辰宣告缺席。柳宗元在政治上失败了,生活也坎坷困顿,但为他的政敌所始料不及的是,他们

文学是抒写苦难的,文学不是歌咏幸福的。古今中外大块文章都是如此。

把他抛向了生活的底层，陷阱与荆棘造就的却是中唐第一流的哲学家、思想家、散文家和诗人。在"永贞革新"中，柳宗元是败军之将，但在精神领域里，他却是可以高视阔步的王者，特别是中国的诗歌史与散文史，他都拥有黄金铸就的一章。

天宝盛世之时，永州人口近20万，待到安史之乱后柳宗元来时，已锐减至数千人。江山寥落干戈后，骨肉流离道路中，但是官方对贫苦百姓仍诛求无已。柳宗元年轻时曾赞美一位县令范传真，在《送宁国范明府序》中就引用了他的金玉之言："夫为吏者，人役也，役于人而食其力，可无报耶？"按今天的语言，就是官员是人民的公仆，公仆是人民供养的，应对人民有所报答。到永州之后，柳宗元从朝廷庙堂跌落于民间草莽，对农民的苦难感同身受，他的作品就更能直面现实与人生。在《田家》诗里，他没有像一些诗人在饱食终日之后歌唱田家之乐，而是咏叹田家之苦："庭际秋虫鸣，疏麻方寂历。蚕丝尽输税，机杼空倚壁。里胥夜经过，鸡黍事筵席。各言官长峻，文字多督责。"而最有名的，就是那为今人所熟知的《捕蛇者说》了。如果柳宗元不是"无忘生人之患"，情系苍生百姓，身入并深入民间，而是养尊处优，住则高楼深院，出则奥迪奔驰，游乐则名山胜水与桑拿浴夜总会，他怎么能写出这等千古传诵的名篇？

一千年后的永州现在称为零陵市，人烟稠密，市区繁荣，马路宽阔，商贾云集。我只是来去匆匆的数日之客，到哪里去寻找那位姓蒋的捕蛇农民呢？街上熙来攘往说着零陵方言的后生，有谁是他的后裔？一时无从问讯，也无法查询，于是我跨过凌空于潇水之

上的公路大桥，直趋西山下的愚溪，柳宗元的柴门也许还会为我们而开吧？

愚溪原名冉溪，是永州城外潇水之西西山脚下的一条小溪。元和五年（810）夏秋之交，柳宗元从城内搬到这里，度过了5年岁月，出于象征与反讽，改冉溪为"愚溪"。有名的"永州八记"的后四记——《袁家渴记》《小石城山记》《石渠记》《石涧记》就写在这里，而前四记的《始得西山宴游记》《钴鉧潭记》《钴鉧潭西小丘记》《小石潭记》所写的景物，也或在愚溪之旁，或在愚溪之内。柳宗元在《囚山赋》中曾说："匪兕吾为柙兮，匪豕吾为牢，积十年莫吾省者兮，增蔽吾以蓬蒿。"他把永州群山视为囚禁他壮年和生命的囚笼。但是，痛苦的心灵需要解脱之时，山水又是慰藉苦痛灵魂的好友，医治精神创伤的良药，而在创作的领域中，美好的山水又常常成为作者人格的象征、情怀的寄托。在柳宗元之前，以自然为题材的篇章只是吉光片羽，在这方面也没有卓然特立的作家，是柳宗元以他的代表作"永州八记"，为中国的山水游记举行了隆重的奠基礼，并且开辟了散文创作的新天地。

我和王开林随身携带着《柳河东集》来寻访愚溪，准备按图索骥。"楚之南，少人而多石"，愚溪当年是山水清幽之地，现在，溪畔有一条石板街道，两侧聚集商肆人家，已俨然小小市镇。导游在溪边指点说，这就是柳宗元当年卜居之所了。"南州溽暑醉如酒，隐几熟眠开北牖。日午独觉无余声，山童隔竹敲茶臼。"以前每读柳宗元的这首情韵悠长的《夏昼偶作》，总是为他这位北方人担心：他怎么能经受得起

视群山为囚牢，可见柳宗元心灵之悲怆。柳在《愚溪诗序》中说："今予遭有道而违于理，悖于事，故凡为愚者，莫我若也。"这是悲怆心理的"无可奈何"的反讽、自嘲。

要注意的是，托物言志，借山水诉说心绪并非独立的自然题材作品。一般以为，自然题材作品应当赋予自然独立的品格，人由此获得启示，而不是借此诉说诗人自己的心志。从这个角度，也许只有李白的一些山水诗堪称真正的自然题材作品。

南方暑热的煎熬呢？如今我们沿溪徘徊寻觅，在竹林中侧耳倾听，竟再也听不到那位山童敲打茶臼的声音从唐朝传来。时越千年，江山虽未面目全非，也差不多不可复识，如果不是我们手中摊开的"永州八记"指引迷津，我们路过这里也很可能纵使相逢应不识了。

当我们踟蹰溪畔，想象柳宗元的旧居究竟位于何处之时，一位年已花甲的老人见我们并非浅游之客，便趋前热情地解说，担任义务导游。原来他是曾贬于永州的宋代抗金名将张浚的二十八代孙，是柳子千年后的知己，或者说"铁杆柳迷"，名张序伯。柳宗元在《钴鉧潭记》中说他买"潭上田"，"崇其台，延其槛"，老人居然引我们细察溪上一户人家的屋基，说是其下的青色条石时属唐代，是柳宗元当时"崇其台"之台，而其上之石则是后人所垒，柳宗元当年就居息于此。《钴鉧潭西小丘记》开篇便说："得西山后八日，寻山口西北道二百步，又得钴鉧潭。"老人遥指对岸竹树中逶迤而下的一条小道说，柳宗元当年就是从那条小道下来，惊喜地发现小丘之美。虽然我们穷尽目力，仔细搜寻，却怎么也看不到柳宗元从小道飘然而下的一角司马青衫，但我们绕行到那里回望两岸，那些"突怒偃蹇"的群石，却仍然从柳宗元的游记中奔出，若牛马之饮于溪，若熊罴之登于山。

它们在溪边俯饮一千多年，至今仍没有扬蹄离去，它们登山已千年岁月，到今天也仍在半途，没有攀上小丘之顶。这些不磨不卷之石，是要为柳宗元的游记作一群铁证，不，作一群石证与实证吗？愚溪纵然不是容颜全改，也绝不是柳宗元的旧时相识了。小丘之西的小石潭隐约犹在，只是今人"煞风景"地筑了一条石

唐代山水只能从唐代诗文中寻访，不可在千年之后的当今寻觅。作者如此写来，一见其心之虔诚与痴迷；二见其心之伤痛与苦恨。

坝,将下泻的溪水拦腰截住,无可奈何的它,就成了深不见底的浑水一汪。"潭中鱼可百许头,皆若空游无所依,日光下澈,影布石上,怡然不动;俶尔远逝,往来翕忽,似与游者相乐",柳宗元见到的那百许头游鱼呢?现在早已经去向不明。有人头戴太阳帽在石坝上垂钓,那已经不是古时的蓑笠翁,而是现代的休闲客了。一根尼龙钓丝两节塑料浮筒,能钓得起沉淀在潭中的千年日月吗? 水库下溪流中与溪岸边的巨石,有一些已被炸掉砌屋修桥,溪水也已近乎干涸,水面漂浮着的一些塑料袋、易拉罐之类的现代垃圾,在污染柳宗元清新幽美的文章。参与污染的还有附近一座造纸厂,站在溪边抬头而望,即惊见一柱昂然直上的烟囱在傲对青空,喷吐它满肚子的乌烟瘴气,一股难闻的气味隐隐传来,四周风云见之变色。你如果还想学柳子当年在这里"枕席而卧,则清泠之状与目谋,瀯瀯之声与耳谋,悠然而虚者与神谋,渊然而静者与心谋",那你就真是不知有汉无论魏晋。

"永州八记"的第一篇,是《始得西山宴游记》,西山"萦青缭白"的美景已长留在柳宗元的作品中,眼前的西山已是童山濯濯,楼屋房舍踵接肩摩。愚溪几不可识,西山不复可游,我们便去数里外潇水边之"朝阳岩",也就是柳宗元诗中所说的"西岩",以尽我们对前贤的敬意。

元结在任湖南道州刺史期间,曾经泛舟潇水探胜寻幽,发现了永州城郊这一处临水的洞壑,遂命名为"朝阳岩"。柳宗元追寻元结的足迹来过这里,我们追寻柳宗元的足迹,也不远千里而来。日正当空,在朝阳岩凭栏回望,青青翠竹从唐朝一直绿到如今,远处波光粼粼，半江瑟瑟半江红，那是潇水在清点它散落在水面上的黄金与白银。近岸处仍然如千年前一样清可见底，几尾小鱼毫无戒心地在水中悠哉游哉。开林说：

"柳宗元写于这里的《渔翁》一诗，有道是'渔翁夜傍西岩宿，晓汲清湘燃楚竹。烟销日出不见人，欸乃一声山水绿'。日月不居，此间的清湘楚竹倒是依旧，你听到那一声欸乃正从千年前遥遥传来吗？"

"我从小有些耳闭，现在更听不清。不过，柳子这首诗真是妙绝，我们作为楚人，与有荣焉。说来不免自私，柳子如不流放到这里，楚地虽有此胜景，但却不会有这一千古绝唱呵！"

"从古到今的文学作品汗牛充栋"，开林接着说，"但到底有多少能够流传呢？柳宗元此诗，结尾还有'回看天际下中流，岩上无心云相逐'两句，从宋代苏东坡到清代沈德潜，数百年间，不断有人表示此二句可以删去，七古变成七绝，更觉有余不尽。人生苦短，艺术长存，可见柳诗之与江山同寿。"

我也不免临清流而感慨："当今作者多如过江之鲫，印刷技术更远胜古代，月月年年，出版的诗册文集堆山积海，但有多少真正能成为经典而传诵于后人的心头与口头？"

此时，开林沉默不语，大约因为这个问题不好回答。柳宗元倒是可以解答的，但到哪里去找他释疑问难呢？举目远眺，远处的水面上静静地泊着一条渔船，虽然时令是高秋而无飞雪，但我们也不禁对望一眼，心存希冀：那是柳宗元千年前独钓寒江的孤舟吗？

前四句呈现的人与自然的和谐已达高度统一之意境。后两句虽很美，但分散了诗的凝聚性，因此删去后两句，诗作更纯粹。

三

独钓寒江，有远谪南荒离群索居的孤独，有坚持信念不随俗浮沉的孤傲，在千山鸟飞绝而万径人踪灭的境况中，孤独之感与孤傲之情时常袭上柳宗元的心头。但是，在雪满江干寒凝大地的冬日，也有二三知心好友来敲叩柳宗元的柴扉，嘘寒问暖，把酒论文，更有此生不渝的死友，从远方送来关怀和鼓励，如同熊熊的炉火。

"永贞革新"开始之时，许多官僚政客因为成败未卜，故而采取观望态度，而革新夭折之后，政敌们固然磨刀霍霍，要将王叔文等人置之死地而后快，一般官员为求自保，也纷纷表态支持唐宪宗李纯的新政权。最可见出人心翻覆似波澜的，则是同一阵营中人的倒戈易帜。例如郑余庆接到进京的调令之后，迟迟不肯到任，他要等到局势明朗之后坐收渔翁之利，韩皋见到调令立即来到长安，但一觑形势不对便马上反戈一击。上述这种人情世态古已有之，但可谓于今为烈，在过去一波未平一波又起的政治运动中，各种人物都纷纷登台亮相，被迫或自觉地扮演了脸谱各不相同的角色，时至今日，虽然有的人像变色龙一样随时而变，但举头三尺有神明，历史却如无所遁形的明镜，将他们一一记录在案。

给流放中的柳宗元以精神鼓励和安慰的，应该包括他早已故去的父亲和同来而未同归的母亲。柳镇性格耿直而仕途不顺，逝世前5年也就是50岁时，才做到殿中侍御史，但不久因为得罪权臣宰相窦参而被贬为夔州司马，年已十六七岁的柳宗元，远送乃父至百里之外的蓝田县城，父子依依惜别之时，倔强的柳镇的临别赠言，竟然是"吾目无涕"。若干年后，这4个字当然成了回响在永州的暮鼓晨钟。曾经为柳宗元启蒙而毕生相依为命的母亲卢氏，在两个女儿病殁备受打击之后，她以67岁高龄的北人，又毅然随贬官的独子南来。<u>在永州，她对爱子说："明者不悼往事，吾未尝有戚戚也。"柳宗元听到母亲一番暖如三春晖的教言，他当时的感受如何我们已不得而知，但却不难想见。</u>而在精神上陪伴柳宗元独钓寒江的，除了他的至亲至爱，值得大书一笔的，还有他志同道合而至死不渝的朋友。

　　天地无私，人间有情，崇高而生死以之的友情，更是人间最可宝贵的一种情分。美国诗人爱默生有一句妙语："友谊是人生的调味品，也是人生的止痛药。"中国人素重友情，将春秋佳日一同登山临水的称为"逸友"，将奇文共欣赏的称为"雅友"，将直言规谏的称为"诤友"，将品德端正的称为"畏友"，将处事正义的称为"义友"，而那些可以共生死的刎颈之交呢？那就是不可多得的为人所艳称的"死友"了。柳宗元贬到楚之南这荒州远郡，故交零落，消息闭塞，既无即拨即通的电话，也没有即发即至的电传，只有一条和岁月一样悠悠的古驿道，姗姗来迟的新闻早已成了泛黄的旧闻。既没有作家协会，更没有现今名目繁多的种种学术团体，他的诗文只能发表在纸上，供自己长夜反复吟哦。所幸的是，不久之后陆续来了一些贬官流人，共同的命运与志趣，使他们形成了一个特殊的"沙龙"，其中有南承嗣、元克己、吴武陵、李幼清

记住这样的父亲，记住这样的母亲。所以有柳宗元之精神，主要的是他承传了父母之大德。

和终生不仕的白衣卿相娄图南。他们一起饮酒赋诗，臧否人物，纵论家事国事天下事。今日的读书人应该感谢他们，他们给柳宗元带来冬日的温暖，夏日的清凉，他们陪柳宗元登山临水，催生了一代文宗一记而再记的文章。

其中，学生辈的信州（今江西上饶）人吴武陵和柳宗元交谊最深。吴武陵少年得志，年纪轻轻就考取了进士，但第二年因得罪了当朝宰相李吉甫，就被流放到永州。吴武陵之来，于柳宗元如炎夏的清风，空谷的足音，他们朝夕相处而成为忘年之交。柳宗元在长安动笔因贬官而未竟全功的重要论文《贞符》，在吴武陵的催促鼓动之下成为全璧。总共67篇以笔记形式出之的《非国语》，也是由于吴武陵的帮助推敲而最后完成。以至柳宗元在《答吴武陵论〈非国语〉书》中，要感慨系之地说："拘囚以来，无所发明，蒙覆幽独，会足下至，然后有助我之道。"《全唐诗》只录存了吴武陵两首诗，其中《贡院楼北新栽小松》有句是"叶少初凌雪，鳞生欲化龙"，可见其志向高远，而《题路左佛堂》则是：

雀儿来逐飏风高，

下视鹰鹯意气豪。

自谓能生千里翼，

黄昏依旧委蓬蒿。

这是一首极少为今之论者道及的诗，其实它的象征性意象中有深远的寓意，显示了这位青年才子爱憎分明的情怀，难怪柳宗元和他一见如故，并视为

从某种程度上说，吴使柳再生。所以如此，一是吴知柳识柳悯柳，一是柳知吴识吴爱吴，生命就可在相激中再生。

忘年知己。

与柳宗元可以称为"死友"的是刘禹锡。出生于吴郡(今江苏苏州)的刘禹锡,20多岁和柳宗元同登进士,有同年之谊。长安相聚的时期,他们和吕温、韩泰等同为国家的精英俊彦,同气相求,切磋学问,研讨国事,用刘禹锡后来给柳宗元的赠答诗来说,就是"弱冠同怀长者忧"。刘禹锡日后在《洛中逢韩七中丞之吴兴口号》一诗中,还旧情难忘地回忆说:"昔年意气结群英,几度朝回一字行。""永贞革新"失败,刘禹锡贬为朗州司马,治所在武陵(今湖南常德市),他和柳宗元通过古驿道交换诗文,互致书信。刘禹锡性格开朗豪放,和沉郁内向的柳宗元不同,故有"诗豪"之称。我几次往游常德,总是希望能寻觅到他遗落在那里的哪怕是半张手迹,而在秋晴之日,他豪迈俊爽的《秋词》更在我的心宇飞扬:

> 自古逢秋悲寂寥,
> 我言秋日胜春朝。
> 晴空一鹤排云上,
> 便引诗情到碧霄。

这首诗,他应该寄给过相濡以沫的柳宗元吧?一位"独钓寒江",一位"晴空一鹤",意象虽异,精神相同。刘禹锡如果从朗州去愚溪拜访过柳宗元,他们定会互相对诵过上述诗篇。刘禹锡在柳宗元逝世后3年所作的《伤愚溪》中,曾经说:"柳门竹巷依依在,野草青苔日日多。纵有邻人解吹笛,山阳旧侣更谁过。"情景如绘,似曾亲历。

诗仙、诗圣、情圣、诗佛、诗人、诗魔、诗鬼、诗豪、诗家天子,人们给了唐代诗人最高称誉。这些称誉都有其"真理",值得探求。

仅就这里引用的刘禹锡《秋词》诗句即可感知,刘确实是豪迈不羁。我们不能责怪柳宗元性格的忧郁,但我们可以赞赏刘禹锡性格中的豪迈。不妨设想,刘若与柳一样忧郁,恐怕他难以二度回京了。

59

起初刘被贬为播州刺史，播州比柳州更偏远。柳宗元考虑刘母年龄大，愿意同刘对换。后由于裴度向宪宗说情，刘改任连州刺史。刘柳交往，谱就了中国文化史上又一曲真正的"友谊之歌"。

元和十年（815），在放逐10年之后，柳宗元、刘禹锡、韩泰、韩晔、陈谏5人，同时接到回京的诏令。他们二月间回到长安，态度强硬而才子心性的刘禹锡写了一首《戏赠看花诸君子》："紫陌红尘拂面来，无人不道看花回。玄都观里桃千树，尽是刘郎去后栽。"讽刺的是那些反对永贞新政而飞黄腾达的衮衮诸公，由于这首诗作了导火线，3月14日五人又全部贬为远州刺史。柳宗元任刺史的柳州（今广西柳州），离京城比永州更远。刘禹锡任连州刺史，即今日广东北部山区的连县。刘禹锡与柳宗元结伴南行，全湖南衡阳依依惜别时，一而再再而三地彼此赠答诗篇，然后才临歧分手。柳宗元4年后以47岁的英年病逝于柳州，临终前写信给刘禹锡，请他编定自己的诗文集，并且写了托孤遗书，托他抚养儿女。刘禹锡扶母亲的灵柩从连州北归，恰恰在途经4年前分手之处的衡阳时，接到柳宗元的遗书和讣告，他不禁失声痛哭，"如得狂病"。他发誓说柳宗元的儿子"同于己子"。不久，他编定了30卷的《唐故柳州刺史柳君集》，亲撰序言，以后又将柳宗元的遗孤抚育成人。柳宗元在新贬柳州途中曾写有《再上湘江》一诗："好在湘江水，今朝又上来。不知从此去，更遭几年回？"他没有能再回京城，但13年后，刘禹锡却回来了，铮铮傲骨秉性不改的他，竟然又写了一首《再游玄都观》，快意与讥讽兼而有之："百亩庭中半是苔，桃花净尽菜花开。种桃道士归何处？前度刘郎今又来。"高歌一曲，虽然表达的是当年友朋的共同心声，可惜幽明永隔，柳宗元还能听到吗？

潇水下游已经有诸多污染了，但朝阳岩附近的碧水仍然像千年前一样清且涟漪，盈盈在《渔翁》诗中的清波，今天仍然可以洗亮我的眼睛。一千多年时间的漫漫风沙吹刮过去，物是人非，多少帝王将相、恶棍小人早已杳无踪迹，多少庙堂文学、多少无关民生痛痒的游戏文章早已化为土灰，但20个字的《江雪》却连一个字也没有磨损。我后于柳子已一千多年，在我之后千年的游人如果再来零陵，也仍然会看到柳宗元还正襟危坐在他的绝句中，独钓那中唐的满天风雪。

单元链接

　　本单元出现的主要诗人有王维、李白、杜甫、白居易、贾岛、许浑、杜牧、李商隐、柳宗元、刘禹锡等。这些诗人都是中学语文课本中的常客，如本单元出现的作品——王维的《渭城曲》、许浑的《咸阳城东楼》、杜牧的《过华清池绝句》、李商隐的《乐游原》、贾岛的《渡桑乾》、李白的《望庐山瀑布》、柳宗元的《江雪》、刘禹锡的《秋词》都是中学生必读诗。同学们在学习这些诗作时不妨参阅本单元。

　　《中国历代著名文学家评传》（吕慧鹃、刘波、卢达编，山东教育出版社）第二卷是唐代作家评传，唐代著名诗人都有评传。该书材料翔实，同学们亦可参阅。

　　谁可称诗家天子？当王昌龄被时人尊为"诗家天子"，有多少诗人艳羡！有多少诗人在心底追赶！他们识高明而慕高明，慕高明而追高明。这是一个健康向上的时代，这是一个伟大的时代。只有在这样的时代，才可能有"旗亭画壁"的故事诞生；只有在这样的时代，才可能有大诗人李白用十几年时间以自己的短项去同崔颢的长项竞争。这是一个真正的诗人时代！诗人们以诗竞名，视诗名若生命。诗人们对诗以身相许，语不惊人死不休。这是诗歌的幸福时代！在这个幸福时代，涌现了王昌龄、李白、杜甫、李贺这样一批"诗家天子"。以七言诗为例，王昌龄是七绝圣手，李白是七古圣手，杜甫是七律圣手，他们三分天下，各有其一。李贺呢？27岁就驾鹤西去，但以李贺之才华，以李贺之勤奋，以李贺之精神，假其以天年，一定又是唐代一位诗家天子。

　　在这次旅行中，你将与"诗家天子"为伴，与他们同喜同悲，沐浴这些人间伟大灵魂的诗性之光。

■ 诗家天子

一

<u>盛唐时代的王昌龄，当世即有"诗家天子"的高名美誉，但他却命途多舛，遭逢不幸，令千年之后的我们仍不免为之扼腕叹息。</u>在诗的王国里，特别是在七绝的殿堂中，他高视阔步，南面而王，然而，在人生的江湖上，他却历经暗礁的侮弄，险滩的暗算，最后于垂暮之年，那突然袭至的罡风恶浪，竟然吞没了他那伤痕累累的风帆。

唐玄宗开元二十七年，也就是公元739年，位沉下僚先作秘书省校书郎后转汜水尉的王昌龄，第一次"负谴"而被远贬岭南，开始了与其后半生相始终的谪宦生涯。贬谪已经令人痛苦了，何况王昌龄是北方人，南方炎热而潮湿，他不服水土，岭南更是未经开发的蛮荒之地，武则天时代便是放逐与屠戮李唐宗室的地方，因此，伴随王昌龄一路南行的，就只有挥之不去的凄风苦雨。然而，满天的阴霾偶尔散开，也会有亮丽的一角蓝空，苦雨暂收，照耀在天上和心上的，也会有不期而至的一轮晴日。王昌龄和比他小4岁的李白有缘在巴陵相见复同游，李白与杜甫在洛阳的初逢，传为唐代诗坛双子星座的佳话，中国的诗歌史和巴陵的山水，当然也应该铭记盛唐时代这两位天才诗

明人王世贞在《艺苑卮言》说："五言律、七言歌行，子美神矣，七言律圣矣。五七言绝，太白神矣，七言歌行圣矣，五言次之。"这一说法，被大家所认可。由此可见，李白是七言歌行圣手，杜甫是七言律圣手，七言绝圣手呢？则属王昌龄了。若说诗家天子，就七言而言李、杜、王三分天下。

安史之乱前，是诗人兴会的盛世：李白与杜甫，李白与王昌龄；杜甫与岑参、高适；王昌龄与高适、王之涣，都曾亲密接触，大都结下了深厚的友谊。

即使仅拥有这些诗作中的任何一首，也足以让其名垂诗史。这些都是诗史上的精品，不可轻易放过。边塞诗较好理解，闺怨诗需要仔细咀嚼。妇女在以前的诗作中并不是经常歌咏的对象，至唐代闺怨诗多起来了。李白写得较多，王昌龄的闺怨诗与他的边塞诗齐名。闺怨诗事实上是诗人以悲天悯人的情怀为弱者（弱势群体）叫屈，同时也用弃妇的命运隐秘地传达诗人自己不被重用的郁闷心理。

人的第一次握手吧？

盛唐之时，殷璠编辑同时代诗人的作品名为《河岳英灵集》，他称字少伯的王昌龄为"太原王昌龄"，那大约因为王氏是太原的望族，殷璠按当时的习惯称其郡望，如同李氏是陇西的望族，故李姓多自称陇西人，如李白就曾说"家本陇西人，先为汉边将"，虽然身世如谜，但他的籍贯应该是四川江油县的青莲乡。实际上，王昌龄是京兆人，唐时京兆的府治在长安，所以他可说是长安人。王昌龄《灞上闲居》说自己"鸿都有归客，偃卧滋阳村"，滋阳即芝阳，也就是当时的长安万年县的浐川乡，也即当代陕西作家陈忠实所写的"白鹿原"。王昌龄成年以后，曾经北游今日山西太原的并州与今日长治市的潞州，然后经邠州、泾州和萧关而西行塞外。他以河西、陇右为背景的总共21首边塞诗，就是他在塞上行与塞外行之时，一一收拾进他的诗囊的，当时他正当风华秀发意气干云的年华。"大漠风尘日色昏，红旗半卷出辕门。前军夜战洮河北，已报生擒吐谷浑"（《从军行》），"秦时明月汉时关，万里长征人未还。但使龙城飞将在，不教胡马度阴山"（《出塞》），那些幽咽悲壮的边塞之歌，是在哪几阵马蹄声中和哪几曲胡笳声里吟成的呢？后来明清两代诗评家品评唐诗七言绝句的最上之作，共选了11首，其中就有王昌龄的《出塞》，而李攀龙、杨慎等人，更推许其为唐诗七绝的压卷。王昌龄在校书郎与汜水尉任上12年，虽是九品芝麻官，但他对长安妇女包括宫女的生活，却有了更多的了解，"闺中少妇不知愁，春日凝妆上翠楼。忽见陌头杨柳色，悔教夫婿觅封侯"（《闺怨》），"奉帚平明秋殿开，且将团扇共徘徊。玉颜不及寒鸦色，犹带昭阳日影来"（《长信秋词》），那些抒写宫闺怨绪离愁的名篇，是在哪一炷烛光下和哪一道晨光中写成的呢？待到王昌龄南贬而路经洞庭湖畔的巴陵时，他的代表之作大都已经问世，奠定他"诗家天子"地位的边塞诗与宫怨诗已经完成。要是他生当20世纪80年代的中国，什么"文学创作一级""政府特殊津贴""作家协会主席"之类的待遇与头衔，那都是实至名归根本不在话下的了，因为有以上种种的当代作家，且不说千年以后，百年之后有哪些作品能"活"在读者的心上唇间，恐怕谁也不敢妄语，而那些善于自吹自擂并请人广而告之的作者，注定要贻笑大方，却可以断言。然而，当时才华绝代名满天下的王昌龄，不仅长期沉沦下吏，而且竟然成了南贬的逐臣。

这种对比不可用来证明唐代的黑暗与今天的光明，但可用以表明今天作家们确实过多地注意作品之外的东西了。

　　巴陵乃南北要冲，唐代谪守岳州的中书令张说于此修建"岳阳楼"之后，更是名闻遐迩。在这里，多少达官贵人高车交错，盛宴言欢，但历史的长风一吹，那曾经云集的冠盖煊赫的华衮早已了无痕迹，只留下不朽的诗文永志不灭。41岁的王昌龄在南贬途中，曾和比他年轻的李白有缘在巴陵相见，就让千年之下的我不禁心向往之。每当展读《全唐诗》中的"王昌龄卷"，我总不免油然而思接千载，临风回首：他们是怎么相见并相识的呢？也许是由于孟浩然的介绍吧？物以类聚，人以群分，孟浩然于开元十六年40岁时到长安应试，年方而立的王昌龄正初任校书郎，两人声气相投，一见如故，孟浩然落第后写的《初出关旅亭夜坐怀王大校书》，有云"永怀蓬阁友，寂寞滞杨云"，就是一以怀人，一以自况。王昌龄南贬而路经襄阳，当然要去拜望孟浩然以叙契阔之情，而"已抱沉疴疾，更贻魑魅忧。数年同笔砚，兹夕异衾裯。意气今何在？相思望斗牛"，孟浩然的《送王昌龄之岭南》，字里行间激荡的也是依依惜别之意。李白此时仍以寓居的湖北安陆为中心四方漫游，虽然傲岸不群，目无余子，但他在开元十五年就和孟浩然相识，对年长他12岁的孟浩然十分敬仰。多年前，他就写有《送孟浩然之广陵》这一名篇了，而同样有名的《赠孟浩然》，大约也是作于他游历襄阳和孟浩然再聚之时。<u>孟浩然与李白或王昌龄把酒论文时，肯定分别赞扬过他的这两位朋友，并希望他们有缘一会。他们也许是先后到达巴陵后才得以相识，说不定还是从襄阳孟浩然处相逢</u>，然后结伴往游巴陵。如果预知我千年后会寻根究底，他们当会留下详尽的文字资料以供稽索，但现在，却只能使我一半按迹寻踪一半凭空想象了。

杜甫有《与李十二白同寻范十隐居》，贾至有《初至巴陵与李十二白裴九同泛洞庭湖》，可证李白排行十二。李白和王昌龄在巴陵携手同游，然后李白乘舟北去，在洞庭湖边分别时，王昌龄曾有《巴陵别李十二》一诗相赠，现在分别见于《全唐诗》和敦煌新发现的唐诗抄本：

> 摇枻巴陵洲渚分，清波传语便风闻。
> 山长不见秋城色，日暮蒹葭空水云。

在《全唐诗》中，此诗"别"作"送"，"摇枻"作"摇曳"，"清波"作"清江"，当然不及敦煌抄本。不

过,他们相见和分手的时间是秋日,从诗中的"秋城色"可见,也有孟浩然的"洞庭去远近,枫叶早惊秋"为证。悲哉,秋之为气也,萧瑟兮草木摇落而变衰,楚国宋玉的洞箫,早就吹奏过悲秋的曲调了,何况一位是贬谪南荒,一位是怀才不遇,而且千年前的巴陵也仍属南蛮之地,哪有今日的兴盛繁荣!两位大诗家同是天涯沦落人,他们聚会时同游何处,又都说了些什么呢?巴陵虽是我的旧游之地,可惜异代不同时,我当时如果有缘追随旁听并记录在案,那今日定然可以写出颇具文献与文学价值的独家大块文章。现在看到的只是楫桨摇曳,一叶孤舟漂向洲渚远处,而李白和王昌龄互唤珍重的声音,还从水波上随风传扬。舟行已远,李白从湖上回首,水绕山环,已然不见秋日巴陵的城郭,王昌龄呢?<u>暮色中也只见一片蒹葭苍苍,云水泱泱。如此妙用诗经《蒹葭》篇中"蒹葭苍苍,白露为霜。所谓伊人,在水一方"的诗意,借用现在流行的一首苏格兰民歌的题目,更显得王昌龄对李白"友谊地久天长"。</u>

翻遍有关典籍,找不到王昌龄赠答孟浩然的作品,这于情于理都有未通,当是遗落在历史的长河中再也无法打捞,而此时李白也应有赠王昌龄的诗,但同样没有流传下来,幸亏他有另一首名诗《闻王昌龄左迁龙标遥有此寄》传世,但那已是好几年之后,王昌龄从唐之江宁今之南京再贬湖南龙标之时了。

二

开元二十七年,也就是王昌龄南贬的第二年,唐

"蒹葭"意象的妙用,幻化出多重意义:高洁的精神,深厚的情谊,伤感的心绪,共同传达一种美丽的忧伤。诗作的最后两句不知是否受到李白《送孟浩然之广陵》的影响,写法相似,意境也相似。

玄宗加尊号而大赦天下，王昌龄自贬所北还。二十八年冬天出任江宁县丞，次年即天宝元年春夏之交赴任，所以后人又称他为"王江宁"。他在江宁丞任上屈居八年之久，天宝七载他51岁之时，又被贬为龙标尉。龙标，治所在今日湖南怀化市之黔城镇。在唐代，这里是远离中原的蛮荒险恶之区，《荆州记》称之为"溪山阻绝，非人迹所履"。江宁虽然也仍是他的放逐之地，但较之龙标，已可以说是人间天上。

王昌龄在江宁任上曾回过一次长安，和被征召进京供奉翰林的李白第二次握手，而王昌龄再遭贬谪之时，李白也早已被放逐出朝而漫游于江南，所谓笑傲江湖，浪迹名山，客舍没有电话，案头没有传真机，手中没有"全球通"，道路修阻，难通音问，同样坎坷不遇的他辗转听到这一消息，已是暮春时节了，至今传唱人口的《闻王昌龄左迁龙标遥有此寄》，不知李白写在哪一家柳色青青的客舍：

> 杨花落尽子规啼，闻道龙标过五溪。
> 我寄愁心与明月，随风直到夜郎西。

五溪，即今天湖南省与贵州省交界处的辰溪、酉溪、巫溪、武溪和沅溪。夜郎，在今湖南省沅陵县境，由龙标县分置而出。龙标在沅陵县西南，李白没有去过，只能想象得之，所以诗中说："随风直到夜郎西。"在姹紫嫣红开遍的唐诗百花园里，那些咏唱真挚友情寄寓深远的诗歌，是风采独具的一枝，李白此诗以感情深挚见长，以构思婉曲取胜，而"我寄愁心与明月"一语，更是全诗的灵魂。在李白之前，不少诗人曾写风写月以寄相思，曹植有"愿作东北风，吹我入君怀"之句，张若虚有"此时相望不相闻，愿逐月华流照君"的妙想，张九龄有"思君如满月，夜夜减清辉"的奇思，爱月而有将近1/4的作品写到月的李白，此诗的后两句自有出蓝之美。<u>在李白抒写友谊的诸多诗篇中，这是最好最动人的一首，每回诵读，我这个湘人的心弦都不免铿然和鸣。</u>

李白当年身不能至而诗心飞临的地方，千年之后，我却有缘亲履。也是一个高秋之日，我由长沙而去湘西南的新兴城市怀化，再载驰载驱直奔离怀化60里的龙标，与我偕行的，是我的对诗学颇具造诣的朋友——香港中文大学黄维梁教授，还有和千年前同一个版本的秋色秋光。时至今日，通往龙标仍然只有一条简易公路，可想而知，当年崇山峻岭中的羊肠小道是何等崎岖难行了。在公路旁热心为我们作向导的，是河水清且涟漪的潕水。<u>王昌龄当年曾说"昨从金陵邑，远谪沅溪滨"，我们身旁的这弯潕水，曾照亮过王昌龄悲愤哀愁的眼睛，洗刷过他从金陵远谪而来的满身风尘吗？</u>地方志曾记载他贬官来此前后的情况和传说，"往返惟琴书一肩，令苍头拾败叶自爨"（《湖南通志》卷93《名宦志》）。他当年是一叶扁舟溯潕水而上呢，还是在荒无人烟的山野间踽踽独行？汩汩的潕水只顾一路送我们前行，说着我们都听不清也听不懂的方言，王昌龄是北方人，他怎会明白潕水说些什么呢？

千百年来，龙标深藏在湘西南的万山丛中。"浩浩沅湘，分流汩兮"，从远古到今天，潕水和沅水在城之西南作永恒的约会，交流它们从深山中带出来的

李白诗的伟大体现在三点：一是原创；二是超越；三是成为生活语言。前两点有很多诗人能做到，后一点却很少能做到。李白为什么能做到？他把个人的独特感受上升为人类的普遍经验，并用天然的语言形式恒定、凝固为诗歌意象。这种意象集个体经验、集体意识、民族文化于一体，于是千秋万代都可引起共鸣。"我寄愁心与明月"就是具有这种魅力的诗句。搜寻一下，你时常脱口而出的李白诗句都是如此啊！其实，一切伟大的诗作都是如此。

野史与传奇。一千多年之后，这里终于已有简易公路可通，城外山间有枝柳铁路穿过，车轮与汽笛宣告的是现代文明入侵的消息。然而，昔日的龙标今日的黔城镇，仍然只是一个简陋的小镇，仿佛还没有完全从古代的梦中醒来，任你如何寻寻觅觅，许多地图上都找不到它的大名。镇上年深月久的窄街小巷，多用资历极深的青石铺成，写满沧桑，真使人怀疑于其上仍可发现王昌龄的几枚足印，而猛一拐弯，也许还能听到他当年吟哦或謦咳的回声。镇外潕水之滨是香炉岩，有一座以"芙蓉楼"为主体的小小园林，那是后人为纪念王昌龄而修建的。我们高楼纵目，只见近处的潕水和远处的沅水在楼前流过，虽然逝者如斯夫，不舍昼夜，但它们唱的仍然是王昌龄曾经听过的渔歌，而对岸则是少数兄弟民族聚居的山野，王昌龄曾经入耳的俚曲山谣，想必仍在随风传扬。在秋日楼头，断鸿声里，我们抚今追昔，怀古之幽情不禁油然而生：

"'沅溪夏晚足凉风，春酒相携就竹丛。莫道弦歌愁远谪，春山明月不曾空'，'流水通波接武冈，送君不觉有离伤。青山一道同云雨，明月何曾是两乡'"，维梁低吟王昌龄的《龙标野宴》和《送柴侍御》诗，回头问我："一代才人而遭远谪，他虽说'莫道'、'不觉'，实际上在故作旷达之中透出深沉的悲愤忧愁，这也是所谓以乐景写哀，以哀景写乐，以倍增其哀乐吧？"

我点头称是，说："王昌龄性格豪迈达观，不然，他的边塞诗怎么会写得那样雄风起于纸上？一般人远谪于这种穷乡恶地，真不知何以自处，何以卒岁？

时而旷达，时而幽怨，或许这才是王昌龄此时的心境。旷达的背后可能是更深的忧伤，但也可认为旷达就是旷达，旷达的背后还是旷达。年过50，已知天命。我相信王昌龄旷达的纯净，因为这可能更符合他的性格。

但是，他也有直接写愁怨之作。"我随口背诵他的《送魏二》和《卢溪别人》："'醉别江楼橘柚香，江风引雨入舟凉。忆君遥在潇湘月，愁听清猿梦里长'，'武陵溪口驻扁舟，溪水随君向北流。行到荆门上三峡，莫将孤月对猿愁'，真是深情幽怨，情何以堪！王昌龄在此谪居了七八年，我们如果设身处地，他真是度日如年呵！"

维梁接过我的话头："王昌龄创作的黄金时期是他的青年时代。逐往江宁，他还写出了《芙蓉楼送辛渐》那首名篇。'荷叶罗裙一色裁，芙蓉向脸两边开。乱入池中看不见，闻歌始觉有人来'，他那首绝妙的《采莲曲》，大约也是写于江南吧？他贬到龙标时，正是年过50的壮年岁月，本来应该写出更多更好的诗篇，但他的才华却被无端地窒息和扼杀了，今昔同悲，古今同慨，真是令人不胜唏嘘！"

下得楼来，我们在园内徘徊流连，欣赏历代诗人文士为王昌龄所作的诗文联语，又去城内寻访王昌龄创建的"龙标书院"的遗址，然后来到城西南潕水和沅水的汇流之处，那该是民间传说中王昌龄经常来游的"芙蓉渡口"了。龙标的潕水啊可以洗俗肠，龙标的沅水啊可以清诗心，我和维梁各捧一掬清清的江水，一饮而尽。我们不远千里而来，不仅将这里的水色山光收入胸臆，更接受了古典的芬芳、诗神的洗礼。在王昌龄咏歌啸傲过的江边，传诵于民间而不见收录于《全唐诗》的王昌龄的一首作品，和滔滔江水一起在我们的心头流唱：

月色溶溶照古城，芙蓉渡口水风清。

焦桐一曲梨花雨,不知身在五溪滨。

……

三

龙标四周的群山如插翅难飞的囚笼,囚禁了王昌龄的壮年岁月。待他快到花甲之年,搅得天翻地覆的安史之乱爆发了,公元756年,唐肃宗李亨在甘肃灵武即位,改元至德而大赦天下。《新唐书·王昌龄传》说诗人"世乱还乡里",他因此得以离开龙标。但长安尚未收复,道路不宁,想回故里实无可能,王昌龄只得沿江东下,于次年秋天到达九江,有《九江口作》为证。随后两京收复的消息于岁末传到江东,王昌龄决计还乡,但他怎能预知自己的生命也临近终点了呢?他路经亳州(今安徽亳州市)时,竟然被刺史闾丘晓杀害,一代巨星,遽然陨灭!

在盛唐的诗坛上,王昌龄是与李白齐名的杰出诗人,因为他比李白年长,成名又较李白为早,因此开元年间他的诗名已经大噪,俨然诗坛盟主,从中唐人薛用弱《集异记》所载他与王之涣、高适三人"旗亭画壁"的传说,即可见其诗名之盛。他现存的诗只有180首左右,其中绝句约80首,可想而知,他应该还有许多名章俊句没有流传下来。整体而言,他的成就不及李白,李白如一座壮丽的山岳,群峰逶迤,主峰耸出云表,只有比他年轻的杜甫才可以跟踪而上、与之比肩。王昌龄的绝对高度虽无法与李白比拼,但他的边塞诗却为李白所不及,李白的宫怨诗写得很好,但对王昌龄恐怕还要逊让三分,而王昌龄抒写友情的送别诗，却可以和李白一较短长。这如同体育场上的十项全能选手，李白是当之无愧的冠军，但王昌龄某些单项的成绩却要超过李白。这两位诗人友情深厚，处江湖而不相忘，而尤其可称为诗坛盛事的，是他们的七绝创作。在王昌龄和李白之前，创作七绝的诗人不多，成就不大，他们雄才并出，对这一文学样式的创作作了承前启后的贡献，常被后人相提并论。明代焦竑《诗评》说："龙标，陇西，真七绝当家，足称联璧。"清代宋荦《漫堂说诗》有言："三唐七绝，并堪不朽，太白、龙标，绝伦逸群。"明代王世贞《艺苑卮言》说"七言绝句，王少伯与太白争胜毫厘，俱是神品"，而清初王夫之则推许王昌龄的七绝为唐人第一，他认为"七言绝句唯王江宁能无疵颣"（《夕堂永日绪论》）。李白的绝句是不夜之珠，王昌龄的绝句是连城之璧，如果将盛唐的诗坛喻为武林，在七绝这个项目上的演出，李白和王昌龄的招数和风格虽然各有不同，但他们神乎其技的不凡身手，确实令人叹为观止！王昌龄当年在巴陵赠诗为李白送别，李白后来在江南作诗向王昌龄遥致慰问之情，并非巧合的是，这两首诗都是七绝，这是灵魂与灵魂的交流和问候，不也可视为艺术创造的默契与呼应吗？

也有人认为唐人七绝是三分天下。清人管世铭说："摩诘、少伯、太白三家，鼎足而立，美不胜收。"

　　殷璠编选当时的诗作为《河岳英灵集》，他选了24人，篇数之多以王昌龄为第一，在李白之上。宋人计有功在《唐诗纪事》中，引用他所见殷璠选本评王昌龄语说："及沦落窜谪，竟未减才名，固知善毁者不能掩西施之美也。"众士诺诺，一士谔谔，殷璠在王昌龄已贬龙标之时还选他的诗，并且数量排

于首位，推为中兴高作，盛唐代表，这真可谓颇具胆识。"西施"是绝代美人，与此相映成趣的是，王昌龄还有"诗家天子"之盛誉。原来王昌龄贬逐江宁时，常约诗友在衙署后厅之"琉璃堂"聚会唱和，唐代画家绘有"琉璃堂人物图"，有多种摹本传世，并流传至今。140年后，晚唐诗人张乔旅次江宁，还专程去凭吊琉璃堂故址，写有《题上元许裳所任王昌龄厅》一诗：

> 琉璃堂里当时客，久绝吟声继后尘。
> 百四十年庭树老，如今重得见诗人。

晚唐时流行的一本说诗杂著《琉璃堂墨客图》，尊称王昌龄为"诗天子"，此书残本今存于明钞本《吟窗杂录》中。宋人刘克庄在《后村诗话新集》中说："唐人《琉璃堂图》以昌龄为诗天子，其尊之如此。"这是称王昌龄为"诗家天子"的最早出处。后来元代辛文房作《唐才子传》，说"昌龄工诗，缜密而思清，时称'诗家夫子王江宁'"，从"时称"一词，可见此说由来已久。"夫子"乃先生之意，与"天子"在字形上只有毫厘之差，但其意却不如"天子"远甚。不知是传抄之误，还是辛文房或后人妄改。"天子"一词，难道只有朝堂上的帝王才能拥有吗？

然而，这位手握彩笔的"诗家天子"，却敌不过手持屠刀的地方军阀。王昌龄沉于下僚的仕途30年，却有20年是迁谪的岁月，最后竟然不幸屈死于恶吏闾丘晓之手。唐代是封建盛世，政治较为开放与宽容，文网疏而不密，文人的命运远胜前朝，也远胜明、清两代。官居高位的诗人上官仪被武则天处死，但他本来就是一个御用文人，死何足惜？唐代许多人虽然仍是怀才不遇，但如陈子昂在家乡四川为射洪县令段简逮捕下狱，诬害而死，王昌龄在他乡安徽被亳州刺史闾丘晓杀害，可谓绝无仅有。闾丘晓，姓闾丘，名晓，据《旧唐书·张镐传》记载，"晓素愎戾，驭下少恩，好独任己"，可见是一个暴戾乖张之徒，这种人如果权力在手，其恶行更可想而知。在他的恶名与臭名之下，《全唐诗》居然收录了他一首诗，题为《夜渡江》："舟人自相报，落日下芳潭。夜火连淮市，春风满客帆。水穷沧海畔，路尽小山南。且喜乡园近，能令意味甘。"我在抄录他的这首"大作"之时，心头汹涌的是无尽的憎恨与鄙视，也深怕玷污了我的笔墨。此诗之平庸低劣，入眼便知，与王昌龄之作相比，犹如土丘之望山岳，死水一潭之比汪洋大海，王昌龄与之狭路相逢，真是如俗语所云"龙游浅水遭虾戏，虎落平阳被犬欺"。王昌龄几次被贬，殷璠说他是"不矜细行，谤议沸腾"，而诗人常建在《鄂渚招王昌龄张偾》一诗中，则说"谪居未为欢，谗枉何由分。午日逐蛟龙，宜为吊冤文"，言下颇为不平。王昌龄则说自己是"得罪由己招，本性易然诺"，傲视权贵，嫉恶如仇，脱略世务，不拘小节，大约是王昌龄这种才华与骨气并兼的文人的通病，而闾丘晓身处高位，在乱世中拥兵自重，加之"愎戾"的本性，更是可以作威作福，在潜意识中，他还很可能忌妒王昌龄的诗才和名声，于是王昌龄便在劫难逃了。从古至今，多少有才华有抱负有骨气而不识时务的贤者，不得吐气扬眉，而巧者愚者奸者佞者却常常飞黄腾

查有唐一代，没有一位文人因文字而处死刑，亦足证唐之伟大。仔细想想，这是一件令人十分感动的事。没有这等宽宏大量，就没有阔大之象，就不可能有盛唐之象。

达，正人君子往往受制于得志便猖狂的小人，有的甚至死于其手，这真是历朝历代都花样翻新地上演的悲剧！

然而，正所谓"人生无常，天道好还"，我们今天也仍然可以燃放鞭炮以示庆贺的是，闾丘晓终于未能逃脱对他的惩罚。我们应该感谢的是张镐。张镐出身布衣，为人刚正，当时兼任河南节度使，安史叛军合围张巡、许远死守的今河南商丘的睢阳，张巡告急，张镐挥师昼夜兼程，传檄闾丘晓克日就近赴援，但闾丘晓居然逗巡不进，待张镐赶到时，睢阳已陷。张镐以军法问罪于闾丘晓而将处死之，平日威风八面，气焰熏天的他连连求饶说："家有老母，请留我一命。"张镐的回答令九泉之下的王昌龄冤恨稍伸，令千载之下的我们仍然人心大快："王昌龄也有老母，谁去抚养呢？"遂杖杀之。张镐令我感激的，还有他对李白与杜甫的关照。暮年的李白以戴罪之身流放夜郎，按今天的说法是所谓"政治犯"，张镐虽无法救援，但他不仅没有立场坚定地与李白划清界限，反而不远千里赠诗给他，并寄去两件夏天的衣裳，李白在答诗中不禁感慨之至地说："惭君锦绣段，赠我慰相思。"46岁的杜甫，逃出沦陷的长安奔往凤翔，被肃宗任命为"左拾遗"，履任才一个月，就上疏营救罢相的房琯，触怒肃宗而几遭刑戮，又幸亏张镐救助，才免于一死而贬为华州司功参军，由于重又深入民间，复得以写出"三吏""三别"等不朽之作。

由此可见，有贪官也有清官，有恶吏也有良吏，芸芸众生所望的是后者多于前者。即以张镐而论，就凭

让我们都记住张镐这个名字。作为诗人的朋友，张镐做到了他所能做到的一切。唐代诗家的三位"天子"，都得到过他的帮助。他是唐诗的"辅弼大臣"。

他给李白援手，替杜甫进言，特别是为王昌龄申冤雪恨，就足以使人感念了。张镐是爱才而惩恶的不可多得的好官，千年之后，"诗家天子"王昌龄令我追怀，张镐也令我感激，但他也早已走进了历史，我到哪里才可以找到他，为李白为杜甫更为王昌龄，略表我的敬重与感谢之忱呢？

■ 寄李白

印象中，古代中国真正爱山爱水，爱到皈依山水者只有三人：郦道元、李白、徐霞客。三人中只有李白是大诗人。整个唐代，"一生好入名山游"的只有李白了。别的诗人也游历山水，但如李白那样"一生爱"者却没有第二人了。

你是一位大诗人，又是一位精力旺盛、不耐久坐的大旅游家，唐代诗人中，像你这样游踪遍于国中的，好像没有几位。那时候不像现在这样时兴出国观光，或者美其名曰"考察"，不然，你也会设法出国旅游一番，至少，"日本晁卿辞帝都，征帆一片绕蓬壶"，你可以和日本遣唐留学生阿倍仲麻吕——晁衡一起东渡扶桑，或者去西北位于如今的西伯利亚的碎叶城寻宗问祖。我说要请你指点迷津，你本身的"迷津"就够多的了，最近，我就买了一册两位李姓学者合著的《李白悬案揭秘》，他们把你都列入大案要案了，写了厚厚一本书来侦破。例如，你的身世就太可疑，连当代诗人余光中在《寻李白》中都说："至今成谜是你的籍贯/陇西或山东，青莲乡或碎叶城/不如归去归哪个故乡？"你行踪飘忽，没有相对固定的地址，又不常写信，写了也交通不便，信使稽迟，当年就常常令你的夫人望穿秋水，余光中在上述诗作中，不是也说过"连太太都寻不到你"吗？而你的铁杆崇拜者魏颢到处找你寻你追你，等他跑到河南的梁园，你又去了东鲁，等他追到山东，你又去了江浙，他千里迢迢辗转道途，直到天宝十三载也即公元754年的春夏之间，才在唐之广陵今之江苏省扬州市，气喘吁吁地一把抓住你的衣衫。他要为你的诗文编集付梓，你也感动得将随身的手稿都托付了他。可我现在打电话找不到你，又不知到何处去追寻你的行迹。我私心早就以为，我的祖先并非两千年前骑青牛出函谷关的老子李聃，更不是以武力征服天下的李世民，而是至今仍活在诗章里和传说中的你。我少年时就一厢情愿地孵着诗人之梦，青年时对诗论与诗评情有独钟，冥冥之中，我总以为我的血管中流着你的血液，分在我名下的酒也早就给你透支光了，不然，我怎么会如此虔诚地远酒神而亲诗神？——不瞒你说，现在愈演愈烈的公款吃喝风中的什么"革命的小酒天天醉"，什么"八杯十杯不醉"，什么"感情浅，慢慢抿；感情深，一口吞"，如果要追查历史根源，现代的酒囊饭袋们恐怕还会说你不能辞其咎，因为可以牵扯到所谓的"太白遗风"嘛。但是，我以上如此寻宗认祖，也许未免攀附之嫌，现在报章上常见今之某某乃昔之某某之后，附凤攀龙，有识者认为这实在不堪一晒，何况那大半是我的一厢情愿，你又不会前来为我出示证明。

　　我现在首先要向你请教的，是你究竟为什么要写《登金陵凤凰台》和《鹦鹉洲》二诗，并略申后辈如我对这一问题的浅见，以及它们与崔颢《黄鹤楼》之高下的看法；其次，你的诗作也仍然多次写到黄鹤楼，我也想由此探问你的心路历程。

　　江夏，即今日湖北省武汉市的武昌，三国时于此置江夏郡。那里是你的旧游之地，开元十二年你出蜀之后，就是顺长江而下，经江夏而东游洞庭、金陵和扬州，不久又折回而西去安州，即今之湖北安陆。在安州，你和故相国许圉师之孙女许夫人燕尔新婚，当时

盛唐有以诗竞名的故事——旗亭画壁赌唱。说王昌龄、高适、王之涣三位大诗人以歌妓唱诗为证，唱谁的诗作多，谁就为师。这故事表明此时诗人们对自己诗名的看重。

不便远游，但足迹仍及于江夏之间。崔颢是你的同时代人，他开元十一年就中了进士，曾游江南，这位籍贯河南的诗人，也许就是在此时写了登高怀古、慷慨悲凉的《黄鹤楼》一诗。我想，你也许是在开元十六年春天从安陆再游江夏并送孟浩然去江东之时，在黄鹤楼读到崔颢这首名作的吧？我可以举出一个诗证，算是"大胆假设"，那就是你写于此时的《黄鹤楼送孟浩然下惟扬》一诗，我引用敦煌石窟发现的唐人诗集残卷中的手抄本，和现今流行传世的稍有不同，那应该更接近你诗作的原貌：

故人西辞黄鹤楼，烟花三月下扬州。

孤帆远映碧山尽，唯见长江天际流。

你认为哪个版本更好呢？陆游所见及所思是否更有理？

宋本及今本，诗题均作《黄鹤楼送孟浩然之广陵》。扬州古称惟扬，而唐之广陵即属淮南道扬州，所以你当时的题目应该是"下惟扬"。差别较多的是第三句，在宋代，"远影"之"影"一作"映"，"碧空"作"碧山"，而陆放翁《入蜀记》说他访黄鹤楼故址，他见到你的诗也是"征帆远映碧山尽"，并说"盖帆樯映远山尤可观，非江行久不能知也"。可见他此时见到的，与上述敦煌本还颇为相近。到了明代嘉靖年间的刻本，也不知是谁"太岁头上动土"，就将你的这一句改成"孤帆远影碧空尽"了。其中不同字词的优劣，你是文章千古事，得失寸心知的，读者也应该自有判断，我这里暂且置之不论。我想特别申说的是，大作第二句点明时令正是"烟花三月"的暮春，这一点，与敦煌石窟手抄本的崔颢之诗相同：

昔人已乘白云去,兹地空余黄鹤楼。

黄鹤一去不复返,白云千载空悠悠。

晴川历历汉阳树,芳草萋萋鹦鹉洲。

日暮乡关何处在,烟花江上使人愁!

　　第一句,是"昔人已乘白云去"而非"昔人已乘黄鹤去",岂但是敦煌手抄本如此,就是唐代的诗歌选本如芮挺章的《国秀集》与殷璠的《河岳英灵集》,都是这样。青空白云,想当年,你在黄鹤楼头看到的也该和崔颢相同吧!更重要的是,崔诗的结句现在流行的是"烟波江上使人愁",而唐人手写的真本却是"烟花江上使人愁",崔诗中的"烟花"即是你诗中的"烟花",你是否因为读到崔诗而潜意识中受到他的影响,送别孟浩然时又恰逢阳春三月,所以就既顺手也顺理,让杨柳摇烟、繁花若雾的美景氤氲在你的诗句中呢?

　　从崔颢和你同写黄鹤楼的诗中同用"烟花"一词,似乎可以证明历史上的一个美丽传说。据南宋的刘克庄在他的《后村诗话》中说,"古人服善,太白过黄鹤楼,有'眼前有景道不得,崔颢题诗在上头'之句。至金陵遂为《凤凰台》以拟之。"南宋胡仔的《苕溪渔隐丛话》和计有功的《唐诗纪事》,都有类似的记载。而元人辛文房《唐才子传·崔颢》的条目下也有道是:"及李白来,曰:'眼前有景道不得,崔颢题诗在上头。'"辛文房隔你已有好几百年之久,当时没有现代的声光化电,你咳唾珠玉之时无法录音,可见那一美丽的传说早已代代而且口口相传了。你的诗集中多次提到过黄鹤楼,但却没有一首直接并集中咏黄鹤

这里"烟花"似比"烟波"更妙。前者不仅点明时令,更有时令特征。阳春三月杨柳摇烟,繁花若雾。黄昏时候,如此美景,更令游子生思乡之情。

识高明、服高明是一种健康的心态,是任何艺术家成大器的健康心态,否则他将不能"大"起来。

楼的诗,而《登金陵凤凰台》《鹦鹉洲》与崔颢的《黄鹤楼》,既非如有的人所说的"偶然相似",也不完全是因为你"服善",在唐代,能让你"服善"的人,能有多少?我以为,主要是因为你在创作上心雄万夫,不甘后人,拒绝重复而刻意争胜,何况当时你还只有28岁,如日之方升,你的血管里奔流的是青春和创造的热血,你的心中汹涌的是为天地立言的豪情。

你欣赏崔颢的诗,说明真正有才华有胸襟的人,总是惺惺相惜,相濡以沫,你的同辈杜甫和晚辈韩愈也是这样,不像时下文坛上的某些白衣秀士,老是对出色的同行心怀嫉妒,肆意贬抑,恶意中伤,自己无能不但不反躬自省,反而希望他人和自己一样平庸。你面对同一题材不轻易下笔,力图超越崔颢之作,也说明真正有抱负有才气的作家,不仅要超越自己,而且要努力超越同辈,创作上只有争强好胜而不甘重复与平庸,才有可能留下杰构佳篇。你的《登金陵凤凰台》就是如此:

李白的"大"是识高明、服高明、慕高明之后,能竞高明、超高明,把自己推向更高明的高明境界。

怅望千秋 ◉ 上海著名中学师生推荐书系

凤凰台上凤凰游,凤去台空江自流。

吴宫花草埋幽径,晋代衣冠成古丘。

三山半落青天外,二水中分白鹭洲。

总为浮云能蔽日,长安不见使人愁。

据说此诗写于天宝六载(747),即你从长安被唐玄宗"赐金还山"之后再游金陵之时,这时你已47岁,距以前读崔颢诗差不多已整整20年。崔颢之作是律诗,你写的也是律诗,可见你潜意识与显意识都是何等"耿耿于怀"。你流传至今的七言律诗总共只有八首，虽然不免散失，但你创作的律诗绝不会多，因为你以天马行空之才，不耐烦比较严整的格律的束缚，也就是不喜欢戴着镣铐跳舞。然而，你这首律诗却广获好评，清人蘅塘退士孙洙虽然老眼昏花，一时失察，竟然在《唐诗三百首》中对李贺之作漏而未选，但在七律部分却选了你这首诗，也可以算是一种补偿吧。重要的是，你这首诗并不是崔颢之作的模仿而是自己的创造。起句"凤凰台上凤凰游，凤去台空江自流"，就眼前景并且就题兴起，三"凤凰"并非如有的人所说模仿崔诗之三"黄鹤"，因为崔颢的原作也只两次提到"黄鹤"，其余两次均为"白云"。"吴宫花草埋幽径，晋代衣冠成古丘"的深沉历史感喟，也即英美现代派大诗人艾略特所强调的"历史感"，不仅非你年轻时所写的"风吹柳花满店香，吴姬压酒劝客尝。金陵子弟来相送，欲行不行各尽觞"可比，也为崔颢之诗所无。尊作中写景的颈联与崔作中写景的颈联旗鼓相当。崔诗的结句"日暮乡关何处在，烟花江上使人愁"，其乡愁的抒写确实动人情肠，因为乡愁是中国人普遍具有的怀乡情结，也是中国文学中一个重要的甚至是永恒的主题，崔颢对此作了出色的表现。然而，你的"总为浮云能蔽日，长安不见使人愁"，虽然将帝王比成太阳，使我不禁联想到千年后中国人同样的思维和比喻，但你寓目山河，毕竟伤时忧国，指斥谗诌之徒，其气象与寄托，与作客之愁、乡关之恋毕竟有境界大小高下之别。在艺术上，大作也有出蓝之美。例如，崔诗一三两句写"去"，二四两句写"空"，而你却缩龙成寸，"凤去台空江自流"，将"去"与"空"压缩于一句之中，富于今日现代诗学所艳称

杨义先生在《李杜诗学》中说："这首诗不仅在古风转型为律体的诗学进程中已经超越《黄鹤楼》，而且在即景言情而深刻地探索生命哲学、历史哲学、宇宙哲学方面，也另辟新界了。"李元洛先生的赏析具体印证了杨义先生的评价。

的"密度"与"张力"。崔颢之诗当然是杰作,不可替代,但说你后来居上,却也绝非溢美之词,不知你以为如何?你是绝对的性情中人,爱爱仇仇,毫无矫饰,我想你该不会笑而不答心自闲吧?

人生短促,世事沧桑,而江湖多的是不测的风波。写《登金陵凤凰台》10多年之后,你已经到了人生的暮年。好不容易从流放夜郎途中赦回,你又重游江夏,再往洞庭并南下零陵。当然,你到底去过湖南零陵没有,后人争论不休,只有你自己清楚。《鹦鹉洲》一诗当然写于此时的江夏,也许是上元元年(760)春天你从零陵归来时所作,有的"著名"作家引用古典诗词时常常张冠李戴,甚至据为己作,有的竟说你的"仰天大笑出门去,我辈岂是蓬蒿人"写于长安,而你的诗题明明是《南陵别儿童入京》,"南陵"乃今之安徽南陵县,相去何止十万八千里。而有的则说《鹦鹉洲》写于《登金陵凤凰台》之前,说者昏昏,至少你就不会同意前后颠倒。让我还是再次诵读你的原作吧:

> 鹦鹉来过吴江水,江上洲传鹦鹉名。
> 鹦鹉西飞陇山去,芳洲之树何青青!
> 烟开兰叶香风暖,岸夹桃花锦浪生。
> 迁客此时徒极目,长洲孤月向谁明?

又是一首你不怎么喜欢写的"律诗",可见你烈士暮年,仍然壮心不已。"芳草萋萋鹦鹉洲",你要就地取材,就近再和崔颢打一次擂台,比试一番高下。崔颢之诗,时空较尊作广远,气象较尊作壮阔,那正是所谓"盛唐气象"的表现,也是年轻的崔颢意兴飞扬所致，你的这首诗虽然仍是一片锦绣，一派云霞，但结句的迁客骚人之孤独落寞，既是你个人不幸遭逢的心曲，也是那个不识重宝扼杀人才的江河日下的时代的折光。因此，尊作虽仍有模仿崔诗的痕迹，但可以说各有千秋，不可互代。我的同乡前辈王夫之在《唐诗评选》中说得好："此则与《黄鹤楼》诗宗旨略同，乃颢诗如虎之威，此如凤之威，其德自别。"他以"虎"与"凤"为喻，大约是指境界之大小不同，风格之刚柔有别，不知你同不同意他的看法？

　　现在要向你请教第二个问题。你一生登临过多少次黄鹤楼，恐怕你自己也记不明白了。与上述《鹦鹉洲》的写作时间大略相同，你在江夏还写了长诗《经乱离后天恩流夜郎忆旧游书怀赠江夏韦太守良宰》，诗中说"一忝青云客，三登黄鹤楼"，可见你流放归来，江夏郡太守韦良宰仍待你如上宾，你至少三次登上了黄鹤楼。至于"鹦鹉洲"，你也是咏过多次了，例如也许是与写《鹦鹉洲》同时，你还写有《望鹦鹉洲悲祢衡》，悲他人亦以自悲，但是，你提到黄鹤楼的诗却更多，你心中似乎有一个解不开的"黄鹤楼情结"。我为你做过粗略的统计，你提及黄鹤楼的，除了《黄鹤楼送孟浩然之广陵》一诗之外，大约还有"黄鹤西楼月，长江万里情"（《送储邕之武昌》），"去年下扬州，相送黄鹤楼"（《江夏行》），"江夏黄鹤楼，青山汉阳县"（《江夏寄汉阳辅录事》），"手持绿玉杖，朝别黄鹤楼"（《庐山谣寄卢侍御虚舟》），"昔别黄鹤楼，蹉跎淮海秋"（《赠王判官时余归隐居庐山屏风叠》），"仙人有待乘黄鹤，海客无心随白鸥"（《江上吟》），"雪点翠云裘，送君黄鹤楼"（《江夏送友人》），"君至石头

杨义先生从诗人的生命意识角度切入，以为《鹦鹉洲》借"兰香桃浪的暖色调反衬心境的悲凉，又借对明月的质问直探人的孤独内心，也自有其独特的匠心，不必简单地目之为仿作"，似也言之成理。

十余首诗写到黄鹤楼，却没有一首诗真正超越崔颢的《黄鹤楼》，对视诗名为生命的李白来说，确实是一种伤痛。这一点李白很清楚，所以他写了《登金陵凤凰台》。这对李白来说实属不易。李白豪放飘逸，七言歌行是圣手，七言律诗是弱项，但他却在与崔颢的竞争中写下了一生中最好的七言律诗，这首诗也成了唐代七律中的精品。

梦想与现实的双重受挫，使李白作为诗人的独立精神前所未有地凸显出来。"冠盖满京华，斯人独憔悴"，杜甫曾对李白的处境表达强烈愤慨。正是这种处境成就了大诗人李白的"大"——在高贵的诗心中昂起高贵的头颅。

驿，寄书黄鹤楼"(《答裴侍御先行至石头驿以书见招期月满泛洞庭》)，"黄鹤楼中吹玉笛，江城五月落《梅花》"(《与史郎中饮听黄鹤楼上吹笛》)，"黄鹤楼前月华白，此中忽见峨嵋客"(《峨嵋山月歌送蜀僧晏入中京》)等，有十余处。而最令我心驰神往的，是你的《江夏赠韦南陵冰》，那是你写黄鹤楼诗的异数与别调，原诗太长，好在你对自己的作品如数家珍，我只援引片段：

> 人闷还心闷，
> 苦辛长苦辛。
> 愁来饮酒二千石，
> 寒灰重暖生阳春。
> ……
> 我且为君捶碎黄鹤楼，
> 君亦为吾倒却鹦鹉洲。
> 赤壁争雄如梦里，
> 且须歌舞宽离忧。

"黄鹤楼"寄托的是游仙的梦想，而"鹦鹉洲"则因东汉末年写过《鹦鹉赋》的才子祢衡被杀于斯地而得名，寄寓的是现实的悲剧。你的自己"捶碎"与要求对方"倒却"，不仅是你怀才不遇之情的表达，是你对险恶的政治斗争和莫测的皇家内讧的鞭挞，是自己虽历经苦难却仍然保持人格的独立与尊严的宣言，更是你如火山爆发如激湍奔流的悲愤之情的宣泄。你以前从未这样对待和这样写过黄鹤楼。现实的悲剧是无法改变的，韦冰恐怕无法为你"倒却"鹦鹉洲，而

怅望千秋 ◎ 上海著名中学师生推荐书系

超然现实的游仙幻想却已破灭,你在《醉后答丁十八以诗讥余捶碎黄鹤楼》一诗中,不是说"黄鹤高楼已捶碎,黄鹤仙人无所依"吗? 也许有人说,你获罪刚刚遇赦,销声匿迹尚且来不及,不应该有如此激切之语。这也许是太小看太不了解你了。作为一位士人,你败于官场,毁于政治,但作为一位杰出的傲岸不群的诗人,你虽偶尔有违心的摧眉折腰之时,但却永远没有低下自己的高贵头颅之日,而且千首诗轻万户侯,你以光芒万丈长的诗章,战胜了所有的煊赫一时的帝王将相! 你虽遇赦放还,心中却愤激难平,就情不自禁地喷出"捶碎""倒却"这样的激昂愤慨之语,这不仅于你前所未有,有唐一代前所未有,整个封建时代也是罕见罕闻的。不仅"黄鹤楼""鹦鹉洲"这些过去被你作为美好事物象征而多次歌吟的地方处境危急,连我家乡的洞庭湖中的"君山"也都难以幸免,那是在你的《陪侍郎叔游洞庭醉后三首》之中:

> 划却君山好,平铺湘水流。
> 巴陵无限酒,醉杀洞庭秋!

前人说你的"划却君山好,平铺湘水流"二句,可以和杜甫的"斫却月中桂,清光应更多"匹敌,都是诗情豪放,异想天开,但杜甫是想象空灵之辞,你却是愤激无端之语,二者的深层意蕴颇为不同。我十分敬重杜甫,但他的忠君意识过于强烈,独立意识和自由精神远不及你。还是回到当年,你那时的千古忧愁万古愤懑能平息吗? 李白先生,我这样来理解你对黄鹤楼、鹦鹉洲的态度的前后变化,不知是否探究到了你

"捶碎黄鹤楼""倒却鹦鹉洲""铲却君山",将一切阻止诗人精神前行的障碍全都推翻,诗人就抵达了精神彼岸,并在彼岸向追随者招手,引领他们前行了。

的初心与诗心？

李白先生，如果要我从中国文学史中评出三位伟大级的或最伟大的诗人，除了投屈原和杜甫一票，另一张票当然是非你莫属了。红颜薄命，诗人也薄命，你是唐代诗人中的最不得意者，白居易在你的身后也不禁发出过"可怜荒陇穷泉骨，曾有惊天动地文。但是诗人多薄命，就中沦落不过君"的感叹。不过，千年走一回的你，在盛唐痛苦地走一回，留下了许多失意、屈辱与悲愤，在中国诗歌史中潇洒走一回，却坐定了最重要的黄金般的章节。你的诗，写出了历史上一位最不得意者最得意的浪漫情怀。没有你，盛唐气象将不可想象，中华民族文化将黯然减色，中国诗史将失去一节最重要的乐章，中国的读书人也会顿感天地寂寞而绕室彷徨。说实话，没有你，中国的酒也许没有如此多种多样而广销畅销，连现代的高阳酒徒们也少了一个喝酒的理由。不过，杜甫早就说过"李白斗酒诗百篇，长安市上酒家眠，天子呼来不上船，自称臣是酒中仙"，余光中也说你"酒入豪肠，七分酿成了月光／余下的三分啸成剑气／绣口一吐就半个盛唐"，而当代的高阳酒徒特别是那些挥霍公款的高阳酒徒们，喝了那么多不解私囊的酒，他们能吐出什么呢？

时空阻隔，古今异代，山遥水渺，我却常常追怀你呀，李白大诗人。这封千年后的读者来信，不知你是否能够收到？

李白精神早已沉潜进了中华民族的文化之中。"这封千年后的读者来信"，一定能送抵所有李白的追随者手中，并内化为一种精神动力，向高贵的彼岸前行。

■ 怅望千秋一洒泪

洞庭与潇湘,是杜甫晚年所歌咏过的"湖南清绝地",不知迎候和接待了多少墨客骚人,他们也留下了不知多少可圈可点的诗文。然而,如果说中国古代诗歌的天空,屈原、李白、杜甫这三颗星斗最为灿烂,那么,是幸还是不幸,是必然还是巧合,其中就有两颗陨落在这里,一颗沉没在汨罗江下游的浪涛之中,一颗熄灭在汨罗江上游冬日的寒波之上。那划天而过的光芒呵,至今还照亮后人仰望的眼睛,激起历史的深长回想。

也是杜甫写《秋兴》的高秋之日,也是杜甫漂泊湖湘的那种年龄,我终于一偿多年的夙愿,从湖南远去河南朝拜了他的故里。现在,长沙已是严冬,我在雪花纷飞中再一次翻开卷帙微黄的《杜工部集》,重又亲炙那伟大的灵魂。此刻,杜甫还漂流在从长沙北去岳阳的湘江之上,辗转于汨罗江的中游,还正在写他的临终绝笔《风疾舟中伏枕书怀三十六韵奉呈湖南亲友》吗?

古人为诗集命名方式有多种:郡望、官职、谥号等都可。如《昌黎先生集》(郡望),《欧阳文忠公文集》(谥号),《白氏长庆集》(年号),《杜工部集》(官职)。

此诗为排律中的精品,排律在格律诗中最难驾驭。这首诗印证了杜甫那句诗"语不惊人死不休"——对诗艺以生相许的追求。

一

每当我乘车驰过湘江大桥去长沙之西的岳麓山下,我常常不禁要眺望中流,总怀疑也许还能在烟雾

迷茫中，看到杜甫的一叶孤舟半张帆影；或者在湘江之畔的沿江大道徜徉，我也常常不免左顾右盼，也许在岸边的街头巷尾还能有幸觅到杜甫当年寄寓过的一角江楼？

大历三年（768）冬末，"支离东北风尘际，漂泊西南天地间"的杜甫有家归不得，终于从四川出三峡，放舟江汉，漂流到湖南岳阳。小作盘桓，他准备经当时名为潭州的长沙，去衡州（今之衡阳）投奔他的旧友当时任衡州刺史的韦之晋。于是，次年春日，已经有一千多年历史的名城长沙，顿时被这颗诗星照耀得满城生辉，只是多灾多病的杜甫未曾想到，而时处刀兵水火中的古潭州也茫然不知。我在千余年后重温往事，虽然长沙现在的夜总会、娱乐城数量之多大约也可以和全国其他城市媲美，但灯红酒绿甚至纸醉金迷，能使它增添什么新的光彩吗？

"诗圣"、"情圣"（梁启超语）、"诗祖"（江西诗派所尊）、"五律神手"、"七律圣手"、"老杜"，每一称呼都是对杜甫的虔心跪拜。

怅望千秋 ◉

上海著名中学师生推荐书系

杜甫生时虽然坎坷潦倒，但他的各种名号却随着他光芒万丈长的诗篇一起流传了下来。而现在汲汲于钻营浮名甚至梦想不朽的文人，他们也许可以名噪一时，在文坛呼风唤雨，但他们的文与名将很快被时间所风化，事如春梦了无痕。杜甫的尊名之一便是"老杜"，它并不如我们今天类似的称呼一样表示随意，而是颠而倒之的"杜老"的尊称。不过，来到长沙的杜甫确实已经老了，"此身漂泊苦西东，右臂偏枯半耳聋"，57岁的他就已经过早地跌入了生命的暮年。舟临长沙已时近清明，他不久写了《清明二首》，唐代长沙清明节的景象现在已经不可复见，但巍然于湘江之西的岳麓山今天却仍然可以证明，杜甫当时曾来山中一游，写下《岳麓山道林二寺行》，结句是"一重一掩吾肺腑,山鸟山花吾友于。宋公放逐曾题壁,物色分留与老夫"——重重掩掩的山林是我的肺腑,山鸟山花是我的朋友弟兄,宋之问放逐岭南路过这里曾赋诗题壁,但他还留了一份景色供我歌吟。时隔千年之后我每去麓山,总要在麓山寺内一副楹联前流连,"寺门高开洞庭野,殿脚插入赤沙湖",这一颇具现代诗意味的联语,就是取自杜甫的上述诗篇,而在山中高咏低吟,我真盼望有朝一日,猛然看见山道上杜老扶杖而来的身影。

前后两年之中,杜甫于长沙三度来去。他到长沙不久即去衡州,其时音讯难通,恰逢韦之晋调任潭州刺史而途中错过,待他赶回长沙后,韦又不幸暴卒。杜甫无所凭依,只得有时暂住小舟之中,有时小栖江边的阁楼之上。大历五年四月,湖南兵马使臧玠作乱,杀观察使崔瓘,兵荒马乱之中杜甫逃出长沙,在湘江上游衡州与郴州之间漂泊,于耒阳县南之方田驿阻水而断炊五六天,后人因之有食县令聂某送来的牛肉白酒而暴卒的传说,不仅新、旧《唐书》信以为真,连今人郭沫若在《李白与杜甫》中也游谈无根地大加渲染。事实上,杜甫在作《回棹》诗之后又回到了长沙。这期间,虽然他也曾得到一些亲朋故旧的接济,但杯水车薪,无补于根本,而且那"残杯与冷炙,到处潜悲辛"的况味,恐怕比他落魄长安时有过之而无不及,更远非时下酒楼宾馆送往迎来之风光可比。10年困守长安时他还比较年轻康健,现在垂垂老矣,而且病体支离。他现存的1 400多首诗中,有140多首写到了自己的病情,而且愈到晚年而愈烈,其中包括肺结核、风湿病、消渴病(今称之为糖尿

第二单元

宋之问的名句是《渡汉江》的后两句:"近乡情更怯,不敢问来人。"这是他被贬逃归洛阳途中所作。被逐在外的提心吊胆及对家人的惦念被高度凝练了。

闻李白遭祸下狱后,杜甫曾作《天末怀李白》,有名句"文章憎命达,魑魅喜人过"。这是对李白的安慰勉励,其实也是诗人对自己的宽解与激励。

93

病)、疟疾、风痹等。如果是今天，政府有关部门对这样一位历史巨星级的诗人，应该会派高级小轿车去迎接，并送疗养院去医治休养，作家协会也会不时派人前往探望，而那时，船漏又逢连夜雨的杜甫，就只能让贫穷让饥饿让病痛让屈辱让夏天的溽暑冬日的严寒一起来煎熬他的暮年了。

人生至此，天道宁论？一般人到此地步，也就只有或者叹老嗟卑，或者怨天恨地，总之是不离一己之痛痒悲欢。现在的某些文人，笔会于宾馆，盛宴在酒家，经常逢场作戏于电视报刊，不时逍遥游在天南地北，他们斤斤计较的只是个人的功名利禄，孜孜追逐的是声色之娱的游戏人生，读者能期望他们写出什么杰出或伟大的作品来吗？然而，令我千年之后怦然心动的是，杜甫日暮途穷，虽然他也悲伤于自己的身世际遇，但他更心忧天下，情系苍生，以一己之心灵担荷天下人的苦难，这是何等崇高的自我良知与人格力量啊！"万姓疮痍合，群凶嗜欲肥"(《送卢十四弟侍御护韦尚书灵榇归上都二十四韵》)写吐蕃侵于外，藩镇骄于内，人民处于水深火热之中；"开视化为血，哀今征敛无"(《客从》)，写人民贫困已极，官家仍诛求无已；"丧乱死多门，呜呼泪如霰"(《白马》)，"入舟虽苦热，垢腻可溉灌。痛彼道边人，形骸改昏旦"(《舟中苦热遣怀奉呈阳中丞通简台省诸公诗》)，哀悼流离道路死于战乱的众多百姓，反省自己尚有一舟可以栖身洗濯，推己及人，情溢乎辞。在长沙，他还有一首传唱至今的《江南逢李龟年》：

岐王宅里寻常见，崔九堂前几度闻。

长望千秋 ◉ 上海著名中学师生推荐书系

"民间疾苦，笔底波澜"，郭沫若对杜甫的这句评价是中肯的。杜甫的绝笔中有"战血流依旧，军声动至今"的咏叹。心系天下，至死不渝。此情可感动天地。

正是江南好风景，落花时节又逢君！

这是杜甫晚年的代表作之一，也是他的七绝的压卷之篇。李龟年是唐玄宗开元天宝年间的大音乐家，是国家音乐机构"梨园"的大乐师，安史乱中流落湖湘。据范摅《云溪友议》记载，他曾在湖南采访使的筵席上唱王维的"红豆生南国"和"清风明月苦相思"，座客闻之，莫不饮泣罢酒。杜甫十五六岁时寄寓洛阳姑母家中，多次在岐王李范与殿中监崔涤的府第里听过李龟年的歌唱。"正是江南好风景，落花时节又逢君"，风景不殊，举目有人物之变与山河之异，时代的动乱，人民的流亡，国家的盛衰，个人的悲苦，深沉博大的社会内容和感情内涵，都包容在寥寥28字之中，深度、广度及艺术的高度融于一体。古往今来写长沙的诗与写于长沙的诗何止千百，但无论是古典诗歌或是现代新诗，有哪几首能赶得上杜甫的这一千古绝唱？

二

当今之世，有些注定"尔曹身与名俱灭"的人却在祈求不朽，不少凡夫俗子生前就在苦心经营他们的葬身之地，而中国历史上一位最伟大的诗人，他的坟茔却成了千百年来聚讼纷纭的疑案。

再一度秋尽冬来，杜甫已没有初来湖南时写《登岳阳楼》的气力与气魄了。那是一首极具沉郁顿挫的艺术个性而又表现了对宇宙苍生之终极关怀的诗篇，显示了一种深邃博大的精神范式与文学范式，它

"落花"既写春已流逝，更暗示盛世不再，繁华一去不返。联想唐由盛而衰来读这首诗，你会真切地感受到其"博大深沉"和"史诗"的意味。

"亲朋无一字，老病有孤身。"诗作中杜甫这样叙说自己。杜甫从来不避讳个人的苦痛，但他的伟大是在自己无比苦痛时依旧心底有苍生。他实践的是孔子的"君子无终食之间违仁，造次必于是，颠沛必于是"，而不是孟子的"穷则独善其身，达则兼济天下"。

为大历二年（767）冬末的风雪压卷，为诗人自己的作品压卷，也提前为整个唐代诗歌压卷。我想，时间虽已进入现代，但在天下的芸芸众生之中，在精神高度与人格力量上可以比肩杜甫的，恐怕也不可多得吧！

然而，命途多舛的生命毕竟要谢幕了，杜甫在解缆北归之前作《暮秋将归秦留别湖南幕府亲友》，陪伴他的只有半生艰苦共尝的杨氏夫人和面色凄凉的弱男幼女，"途穷那免哭，身老不禁愁……北归冲雨雪，谁悯敝貂裘"，抚时伤逝，一派凄凉落寞之音在朔风中翻飞。去年春日从岳阳南下途中，他还写了10多首诗，此次从长沙北上，在湘江上游的船中只留下一首《风疾舟中伏枕书怀三十六韵奉呈湖南亲友》，呕心沥血的这首长诗就成了他的绝唱。"葛洪尸定解，许靖力难任。家事丹砂诀，无成涕作霖"，这是他绝望的悲歌，也是他草拟的自祭之文。然而，即使一息尚存，他也仍然心怀社稷，忧念民瘼："战血流依旧，军声动至今！"千古已成苍茫，但他最后的这一声浩叹，似乎仍穿过楚云湘水、穿过朔风寒雨、穿过一千多年的岁月隐隐传来。

自从那一曲绝唱之后，杜甫就下落不明。究竟哪一方土地是他最后的归宿？全国现有杜甫墓八座，分别位于陕西华阴、鄜县，四川成都，湖北襄阳，湖南耒阳、平江，河南偃师与巩义。前面四墓都是后人出于纪念之情而修建，而位在耒阳一中杜陵书院内的杜甫墓，则是由杜甫阻水湘南死于牛肉白酒这一讹传而来。最原始可靠的，当是今日湖南平江县大桥乡小田村天井湖之杜甫墓了。杜甫死后43年，即唐宪宗元和八年（813），他的孙子杜嗣业到荆州请诗人元稹为

昭君、关羽、杜甫、岳飞都有多座墓。昭君和亲，关羽释义，杜甫悯苍生，岳飞抗金军。无论你是谁，无论你做什么，行天地大情大义，为家国分忧解难，你就会被永远铭记。

其祖父写了《唐检校工部员外郎杜君墓系铭》，铭中提到"旅殡岳阳"。一般人以为"岳阳"是指现在的岳阳市或岳阳县，其实大谬不然。元稹所云岳阳是泛指唐代的岳州，下辖巴陵、华容、湘阴、沅江、昌江等县，而昌江县即今之平江县，唐时县治在汨罗江上游之中县坪，离小田村不远。病重不起的杜甫想到昌江县去投靠亲友，未到县城即已去世，他的儿子宗武年仅17，贫而无力，只好扶灵上岸就近埋于小田村。现在这里有地名"杜家洞"，杜姓族人甚多，前人所修《杜氏族谱》《杜氏家谱》相传至今。明代湖广参政陈垲曾撰《跋杜氏诰敕》，说他在小田杜甫后人家中，亲睹了盖有肃宗玉玺的任命杜甫为左拾遗的诰书（此件直到辛亥革命后才遗失），而明末清初的钱谦益在《钱注杜诗》中，也提到这一诰书"今藏湖广岳州府平江县裔孙杜富家"。宋代王彦辅著有《麈史》，记载宋初徐屯田《过杜工部坟》一诗："水与汨罗接，天心深有存。远移工部死，来伴大夫魂。流落同千古，风骚共一源。江山不受吊，寒日下西原。"可见早在宋初，平江杜墓就接受过时人与过客的凭吊。

在一个秋风秋雨的深秋之日，我曾去小田村朝拜诗圣的遗踪，越过纵横的阡陌，在小田村小田学校之侧的山冈上，坐北朝南，巍然的杜甫墓撞痛我的眉睫。这是一座具有唐代中期砖石墓特征的坟墓，青石墓碑中刻"唐左拾遗工部员外郎杜文贞公之墓"。虽是寒意袭人的秋末，墓前草色仍然青青，似乎仍在青着唐朝的青色，墓的上空飞过片片秋云，似乎仍是杜甫当年见过的愁云。我绕墓徘徊，脚步轻轻，生怕把墓室内千秋的诗魂惊醒。不过，河南巩义北邙山

预的墓侧也有杜甫墓，此耶彼耶，疑幻疑真，叫我到哪里去为他招魂！如果是一般诗人也还罢了，何况古往今来以诗人名之的伧夫俗客实在太多，怎值得众生去焚香顶礼？然而，杜甫却是中国诗史上的圣人，而我却是杜甫草堂虔诚的学子，《杜工部诗集》的现代朝香者。不过，我转念一想，他的埋骨之地究竟在何处有什么要紧呢，多少帝王将相的陵墓已成荒丘，而千百年来广大百姓的心中，不都有一座他的永远的坟茔？

三

一千多年后的高秋十月，我终于如愿以偿去拜望了杜甫的故里，当年的巩县现在的巩义市。就像瞻仰过浩瀚的沧海之后，去寻觅和瞻仰它最初的源头。

汽车刚进入巩义市郊，公路两侧山坡上一栋栋漂亮的楼房就奔来眼底。同行人介绍说，巩义现在是全国百强县之一，这里是巩义的富裕村。"安得广厦千万间，大庇天下寒士俱欢颜"，杜甫曾在《茅屋为秋风所破歌》中如此祈愿，如果他千年后回到故乡，该会展颜一笑吧！我们来时，正逢当地一位个体业主出资修建的"杜甫诗书画院"落成，并举行揭碑仪式，鼓乐阵阵，鞭炮声声，彩旗飘扬，人潮汹涌。巩义市街头已少见蹄声得得的毛驴，而时驰四轮生风之"的士"，如果淡泊自守的杜甫不要专车接送，他自己会"打的"而来吗？我们左顾右盼，始终不见杜老夫子的踪影，只好驱车出巩县旧县城北门，过东泗河小石桥，直奔不远处南瑶湾村笔架山下的杜甫故居。

　　杜甫曾有过显赫的家世。他的十三世祖杜预，是晋朝的名将和学者，京兆杜陵（今陕西西安市南郊）人，所以杜甫也自称"杜陵野老"。杜预之孙杜逊南迁襄阳，因而杜甫也屡次提起这个地望。杜甫的曾祖杜依艺任巩县县令时，将家搬到离县城一华里许的南瑶湾村，他的儿子杜审言是武则天时代的名诗人，所以杜甫曾说"诗是吾家事"。父亲杜闲则做过兖州司马，杜甫曾有诗名《登兖州城楼》，而他现存大名鼎鼎的最早的诗篇《望岳》，大约就是他年轻时在兖州城楼上远眺泰山时写成的吧。

　　<u>桑田沧海，我来朝谒杜甫故居。我渺如轻尘的足迹竟然能够复叠在他亘古不磨的足印之上，这是一种什么样的幸运？</u>我来之前，虽然知道杜甫的门第已经衰微，但毕竟曾是钟鸣鼎食之家，他的故居一定还是颇为可观的，特别是他后来被尊为"诗圣"，而1961年在斯德哥尔摩举行的世界和平理事会主席团会议上，他又被列为当年纪念的世界文化名人之一，他的旧居该早已整修得美轮美奂了吧！结果却令人颇为失望。

　　笔架山依然未变，仍旧形如笔架，历经沧桑的是山下的杜甫故居。青砖为墙的小小院落里，只在靠墙处有两三间同样小小的房间。一孔坐东向西约11米深的窑洞，就是杜甫的诞生之地。这里除了几通石碑，几张图表，就别无其他纪念物。湫隘的院落里，如果多来几个参观者就会人满为患。"七龄思即壮，开口咏凤凰。九龄书大字，有作成一囊"（《壮游》），他幼年时的歌咏和书法，就是出自这小小而寒伧的庭院吗？"忆年十五心尚孩，健如黄犊走复来。庭前八月

第二单元

　　杜甫一生两"安得"："安得广厦千万间，大庇天下寒士俱欢颜，风雨不动安如山"，"安得壮士挽天河，净洗甲兵长不用"。前者由自己不得"广厦"可安身，希望"天下寒士"都应有"广厦"；后者出自《洗兵马》诗，祈求天下永远和平，战争永不再有。两"安得"彰显杜甫"仁者"博大之爱。

　　或许如此才能启人思索：思索杜甫之多舛命运，思考诗人命运与诗作之关系。

梨枣熟，一日上树能千回"（《百忧集行》），这寒伧而小小的庭院，怎能容得下梨树和枣树摇曳迎风？瞻拜杜甫故居，萧瑟兮秋风吹来，心中不禁塞满悲凉。且不说国外的文豪，如莎翁在伦敦，雨果在巴黎，普希金在莫斯科，史考特在苏格兰，即使是国内许多其他形形色色的纪念馆，也远胜于杜甫的故居，更无论那豪华宾馆、奢华酒楼和那些日益繁华昌盛的夜总会了。"便下襄阳向洛阳"呵，"孤舟一系故园心"呵，"月是故乡明"呵，如果杜甫有知，如果月明之夜他魂兮归来，不知将作何感想。

杜甫陵园在与故居遥遥相望的邙山之上，北接黄河，西瞻嵩山，东临伊洛河湾，自有一种阔大苍凉的气象。走进相当宽阔但设施仍然简陋的墓园，杜甫墓和宗文、宗武的墓便怆然入眼。所谓墓，除了一方墓碑，其实只是三个土堆而已。宗文早殁于四川，杜甫和次子宗武均病逝于湖南，杜嗣业去请元稹作墓志铭时，自己也年已花甲。正值大历年间，马乱兵荒，他困穷如故，真能千里迢迢将父亲和祖父的灵柩先迁葬于偃师再移葬于巩县吗？元稹说他"启子美之枢，襄祔事于偃师，途次于荆"，荆、偃无水路可通，如何能从陆路绕道而跋涉千里？元稹也许只是听其设想而并未亲见其事吧。在墓园中低回，我猛然忆起宋代周序来此写的《吊杜甫墓》诗：

> 杜陵诗客墓，遥倚北邙巅。
>
> 断碣无人识，高名信史传。
>
> 猿声悲落照，树色翳寒烟。
>
> 惟有文章在，辉光夜烛天！

杜甫最后的归宿到底在哪里虽然值得考证，疑幻疑真总不免使人怅望千秋，他生前困窘潦倒，千年后的故居仍然寒伧萧索，自然也令人感慨莫名。然而，墓之真伪有无和故居的落寞堂皇都无关根本，作为一位诗人，他的不朽的生命就是他不朽的诗章。那些五陵裘马、达官贵胄、御用文人、轻薄后生都早已如历史长河的匆匆过客而云消水逝，有的连一个泡沫一丝残迹都没有留下来，而杜甫流传至今的杰出作品，无论白天或是夜晚，都如火炬辉耀照天的光芒。陵园的秋日向晚，四顾苍茫，我在杜甫墓前思接唐载：杜工部呵，黄河依然浩荡，嵩山依然巍峨，伊洛河湾依然滔滔东流，你历经千年的风霜雨雪，也依然并永远和我们的民族同在。我从湖南来到河南，从你的终点追寻到你的起点，捧上一瓣心香，在你千年前无日忘之的故乡！

从秋日杜甫故里之行的回忆中醒来，我抬头望远，北去的湘江之上已是雪花飘飘。"怅望千秋一洒泪，萧条异代不同时"，杜甫《秋兴》中讴歌屈原的名句，此刻又越过千年岁月递来袅袅的余音。我又一次翻开书页微黄的《杜工部集》，阅读已经逝去一千多年的那个呜咽叱咤的时代，重温一个永恒的读不尽的高贵灵魂……

点题。引用杜甫讴歌屈子的诗句作文章题目，表达自己对杜甫的讴歌。"怅望千秋"极恰当。"千秋"既指千年之前，也指千年之中，也可指千年之后。在千年之后，当我们面对杜甫，为他的命运、诗才、诗思、诗情所感动，有谁不洒下"怅惘"之泪？

■ 骏马的悲歌

一提到中唐诗人李贺,众人总不免要想到他寻诗觅句时,那头曾和他形影相随的塞驴。应该感谢李商隐,他写的《李贺小传》为后世留下了诗人当年呕心苦吟的身影。没有去李贺不远的李商隐立此存照,我们对千年前的那一场景就无从想象了。远在台湾的当代诗人洛夫,有一天忽发奇想,要邀请李贺前去台北把酒论文,《与李贺共饮》这首诗一开篇,他就写道:"石破/天惊/秋雨吓得骤然凝在半空/这时,我乍见窗外/有客骑驴自长安来/背了一布袋的/骇人的意象。"时代都到了20世纪之末了,李贺要从长安渡海峡而去台湾,却仍然骑着他那头瘦毛驴,虽说是"一湾浅浅的海峡",然而浪涌波翻,他能过得去吗?

李贺当年外出"体验生活"时常常骑驴。驴,似乎成了李贺活动的道具,诗人的商标。其实,他情有独钟反复咏叹的却是"马",在他现存的约240首诗中,写到马的竟达60首,如同李白写月的作品那样,四分天下有其一,占全部作品的1/4。除此之外,李贺还有大型组诗《马诗二十三首》,他为"马"反之复之地集中咏唱了23回,不是单管独吹,而是众乐齐奏,这在西方诗歌中未曾得见,在中国诗歌中似乎也是独领风骚。"萧萧马鸣,悠悠斾旌",战马的嘶鸣之声早就响彻在诗经的《小雅·车攻》篇中了。唐代写马的诗人更多，杜甫就是其中突出的一位，这位多灾多难兼且多愁多病的诗人，竟然十分爱马，《房兵曹胡马》就是他的名篇，但他咏马之作较之后来的李贺，单篇相较也许一筹稍胜，整体成就却还不免稍逊一筹。这样说，虽然未免唐突前贤，但乐于提携后辈的杜甫有知，我想当会大度为怀而欣然一笑。

不妨将两者的马诗作些比较。

马确实是使人一见而豪情陡生的动物。它一身而三任，既堪役使，复见用于交通，更可策之于征战。希腊神话中的太阳神阿波罗，每天穿越天空时，坐的就是烈马驾的战车。在斯堪的纳维亚的传说里，冲过神火救人的英雄，骑的也是勇往直前的雄马。在中国，经过几千年的繁衍，内蒙古的"三河马"，甘、青的"河曲马"与新疆的"伊犁马"，号称并驾齐驱的三大名马。周穆王的"八龙之骏"，楚霸王项羽的"乌骓"，汉武帝刘彻的"天马"，乃至于唐太宗在东征西讨中先后骑乘过的"六骏"，它们的蹄声该曾敲响过李贺年轻易感的心弦，它们那强悍骁勇而魁伟俊逸的形象，在灯光薄暗、草药香浓的寒宵，该常常像一阵烈风扫过李贺的心头，使得病体支离、形容消瘦的他，不禁热血沸腾而眼睛发亮？不然，这位多病多忧、不第不达的诗人，整天抱着药罐，怎么能暗呜叱咤出23首咏马的诗章？

李贺心中的马是一种象征，是一种寄托。李贺的马诗是典型的托物言志诗。

这一大型组诗的第四首，我总觉得应该排为开宗明义的"其一"，但现在是退而居其四，不知这是出自诗人自己当年的手订，还是他人的编排，那已经不得而知了：

此马非凡马，房星是本星。

向前敲瘦骨，犹自带铜声。

它是李贺的自喻和自白，如同河流的源头，其下的滔滔流水都可以找得到它们的籍贯。李贺认为自己绝非凡俗之辈。论家世，他是天潢贵胄，王子王孙，唐宗室郑王亮的后裔，而郑王亮是唐高祖李渊的叔父；论才情，他七岁能辞章，文采与壮志一齐飞扬的15岁，便以乐府歌诗知名于世，韩愈和皇甫湜闻名联袂造访，他曾立赋有名的《高轩过》。李贺"为人纤瘦"，他由马的瘦骨嶙峋想到冷峻的青铜，也许还联想到汉代名将马援征交趾铸铜马的史实，"向前敲瘦骨，犹自带铜声"，如此视觉通于触觉与听觉的通感妙句，其所表现的豪情傲骨，令我们千载之下仍宛然可想。李贺为什么如此热衷于咏马并以马自喻？"房星是本星"从另一角度给我们提供了答案。"房星"是二十八星宿之一，马是房星之精，而李贺生于庚午年，正是马年，马年是他的"本命年"。

李贺生当安史乱后的中唐时代，盛唐如日中天万邦来朝的威仪与光荣，已经只能从史籍和记忆中去追寻了，李唐王朝其时所唱的，已是江河日下的悲歌。不过，李贺乃唐代宗室之后，他一厢情愿地自认他瘦弱的双肩，也应该承担振兴大唐的重任，何况濡染了儒家传统教育的读书人，更以为天下兴亡，匹夫有责，不能不管人间的沧桑和家国的盛衰。于是，李贺的《马诗》，强烈地表现了他建功立业、实现人生价值的渴望：

大漠沙如雪，燕山月似钩。

何当金络脑,快走踏清秋。

     ——其五

催榜渡乌江,神骓泣向风。

君王今解剑,何处逐英雄?

     ——其十

言志二:渴望建功立业。"何当""何处""他日""一朝",充满期待。

批竹初攒耳,桃花未上身。

他时须搅阵,牵去借将军。

     ——其十二

不从桓公猎,何能伏虎威。

一朝沟陇出,看取拂云飞。

     ——其十五

  李贺说自己"少年心事当拿云",他时时以骏马与神骓自许,他不仅想立德立言于庙堂之中,也欲效命立功于沙场之上。附带一笔的是,除民间蓄养者外,唐代的官马之数就高达七百万匹,这对李贺咏马是启示也是刺激。李贺是病夫一个,也为马中之龙,乃书生一介,也系非常之人,他羸弱的胸中容纳的是天下和苍生,在煎熬汤药的炉火之旁,他怀的是驰骋沙场致身青云的梦想。

  然而,时代与命运注定了李贺做的是白日梦。梦而谓之"白日",对于李贺也许具有特殊的象征意义。李贺爱用表现色彩的字词,这一特色早就为陆游所察觉,而除了"黄红绿紫黑"之外,他最喜欢用的竟然是"白"字,达94处,几乎占他全部作品的1/3以上,如

"雄鸡一声天下白""吟诗一夜东方白""一夜绿房迎白晓""碰碎千年日长白""秋野明，秋风白"等，在他的诗中闪耀着茫茫的白光。这是否因为"白"象征高洁和光明，出身高贵而志向高远的李贺以此自许呢？庄子早就说过："人生天地之间，若白驹之过隙，忽然而已。"壮志干云而年轻多病的李贺，生命意识分外强烈，对时间特别敏感，他之多用"白"字，是否又表现了他对时间的留恋和对生命的珍惜？他笔下的马，也常常是白马或白蹄之马，如"青袍度白马""马蹄白翩翩""将军驰白马""楬楬银龟摇白马"，而翻开《马诗二十三首》，在我们眼前掠过的，竟然也是一道闪电般的白光：

言志三：时不我待，珍惜年华，珍惜生命。

> 龙脊贴连钱，银蹄白踏烟。
> 无人织锦韂，谁为铸金鞭？
>
> ——其一

奇才贵质却生不逢辰，正好建业立功却时不我待。"无人""谁为"的无疑而问，透露了李贺内心深处如同寒冬一样的肃杀与悲凉，他已预感到他的天生我才，他的壮怀热血，恐怕都会白白地付诸东流了，如同古往今来的许多有志之士一样。

别无选择的时代，诡不可测的命运，加上大约是与生俱来而每况愈下的身体状况，共同联手制造了李贺的悲剧。李贺生当中唐，内有藩镇割据，宦官弄权，外有吐蕃东侵，南诏北扰，正值内忧外患之日，国家多事之秋。李贺其时的德宗、顺宗和宪宗，已远不及唐代较为英明的开国之主了，人所盛赞的"贞观""开元"之治，连返照的回光都早已消失。忧时伤世的李贺本来还可望通过仕途实现自己的抱负，但因父名"晋肃"，嫉妒排挤他的人交相攻击，认为"晋""进"同音犯讳，不能参加进士考试，即使仗义而爱才的韩愈为他写了篇《讳辨》，也无法改变他的命运。他只得发出"我当二十不得意，一生愁谢如枯兰"的长叹息。大约因为他总算是王子与王孙，朝廷随后给他一个从九品的太常寺奉礼郎的芝麻官，大约相当于现在的副科级，负责摆设祭品，导引祭拜。这明摆着是明珠暗投，用人不当。虽是王孙，但家道早已败落，生逢乱世又屡经挫折，健康不佳然而仍苦吟不已，18岁以前就愁白吟白了少年头，于是只有短短的27岁，李贺的生命的火焰就熄灭了。在他的诞生之所的河南昌谷老家，在他白发苍苍的母亲呼天抢地的恸哭声里，"飂叔去匆匆，如今不豢龙。夜来霜压栈，骏骨折西风"（其九），这是呜咽在《马诗二十三首》中的怀才不遇的悲吟，不也可视为李贺生前为自己写的讣词与墓志铭吗？这真是令古今生不逢辰、命途多舛的才智之士，同声一叹或同声一哭！

言志四：怀才不遇。

　　李贺英年早逝是不幸的，但他仕途不通却并非不幸。在李贺之前，中唐诗人徐凝《和夜题玉泉诗》早就说过："岁岁云山玉泉寺，年年车马洛阳尘。风清月冷水边宿，诗好官高能几人？"从古到今，官运亨通而文章不朽的究竟曾有几人？如果李白供奉翰林后从此青云直上，如果杜甫献三大礼赋后一朝飞升，他们后来的作品怎么能落笔惊风雨，诗成泣鬼神？对于一个民族，值得顶礼的不是帝王的陵寝、将相的门第、官员的高位、富豪的财宝，而是千秋盛业的文化和光照

百代的文学的星斗。对于一位真正的诗人，世俗的荣华富贵如同过眼的烟云，只有诗章传诵于后世，才是永恒的安慰与丰碑。一千年后，和李贺同时的帝王将相、达官贵人、富商巨贾都到哪里去了？一抔黄土，蔓草荒烟，长满霉苔的名字只能到尘封的史册中去翻寻，往日的炙手可热、气焰熏天，顶多只剩下墓前零落的石人石马的冰凉冷寂。而李贺，他扩大了唐诗的边疆，成为自己的国土的无冕之王，他的洗尽俗调、炫奇翻异的诗歌，至今仍然活在众生的心中和代代相传的记忆里。李贺当时在《唐儿歌》中寄望于后人："莫忘作歌人姓李。"除了《唐诗三百首》的编者一时糊涂或心怀偏见，竟然漏选李贺的作品，还有谁能忘记他的诗名呢？

千年之后，至少我就没有忘记李贺。他的《马诗》为什么不多不少只写了23首？我以为这一组诗作于23岁，正是他屈就奉礼郎前后三个年头中的第二年，地点在长安崇义里。崇义里即崇义坊，在小雁塔之右前方，为长安一百十四坊之一。李贺曾写有《崇义里滞雨》一诗，自称"落寞谁家子，来感长安秋"，住所对门为"朔客李氏"，互有往还，李贺曾在其家听长着络腮胡子的申姓仆人，吹奏胡地的乐器觱篥，作有《申胡子觱篥歌》一诗。不久前，我曾远访今日的西安昔日的长安，按迹寻踪，在昔日的崇义坊今日的南关大街附近徘徊，时值炎炎夏日，未逢绵绵秋雨，任我如何四处搜寻，已找不到李贺的任何踪迹，宽阔的大街早已取代了过去的坊巷，国外新传进的卡拉OK早已代替了唐时胡地的觱篥，得得的古典蹄声也早已让位于滚滚的现代车轮。不过，长安城头的千古明月却可以作证,李贺的诗章并没有和作者一去不返,它们仍然留在活在燃烧在今天,字字句句,宣说着世事沧桑、人生短暂而艺术永恒!

单元链接

本单元出现的且属中学语文必读的著名诗篇有王昌龄的《出塞》《从军行》《闺怨》,李白的《送孟浩然之广陵》《闻王昌龄左迁龙标遥有此寄》《登金陵凤凰台》,崔颢的《黄鹤楼》,杜甫的《江南逢李龟年》,李贺的《马诗二十三首》(其四、其五),同学们学习时可参照阅读。

第三单元

DI SAN DAN YUAN

　　这是一次特别的旅行。我们将与一群女诗人一同上路。

　　古代中国，女诗人并不多见。唐代是女诗人最多的朝代，《全唐诗》收录了100多位女诗人的诗作。这次旅行中，由武则天领衔的唐代女诗人群将一展女性诗人的风采。由此，我们也将获得有关古代中国女性诗人的另一种印象，并由此生发开去，获知许多有关古代中国女性的生存状态。

　　这可能不是一次很轻松的旅行，但这一定是一次很有意味的旅行。

　　请上路吧。

■ 巾帼

唐代的诗坛，飞扬的是一股沛然莫之能御的雄风。在以男性为中心的封建时代，唐代的诗人们更是因缘趁势，在诗坛叱咤千古的风云，初唐的王勃少年气盛如日之方升，光焰逼人；盛唐的李白豪气干云，如鹏之展翅，拍天而飞；中唐的白居易发起并领导了"新乐府"运动，其揭露时弊讽喻时政的作品，充分表现了一位男性诗人的阳刚之气。晚唐的杜牧呢？虽然时代已经夕阳西下，暮色苍茫，但他的诗作却仍然高华俊爽，一派胜概英风，全然不顾身后已经步步逼来的夜色。

然而，唐代毕竟是一个思想开放而诗风鼎盛的时代，不少女性耳濡目染，也曾去砚台之旁抒写她们的心曲。许多作者和作品都散失了，但《全唐诗》仍然记录了一百多位女诗人的名字，收录了六百多首作品。虽然那些女诗人因种种束缚而不能尽展其长，但她们也曾在唐代诗坛扬起阵阵"雌"风。此后，宋代的李清照和清代的秋瑾虽然证明巾帼不让须眉，但毕竟是一枝独秀，在群雄蜂起之外，唐代诗坛群雌竞鸣的景象再也未能出现。

唐之强大由此亦可窥一斑。这是前代后代都不曾有过的盛事。今天女作家女诗人不少，这是时代使然，社会思想使然，不是社会强大使然。

一

《如意娘》这首诗，是在哪一个不眠之夜酝酿，是

在哪一盏不眠的青灯下写成的呢？

一千多年前，荆州都督武某之女年方14，就被选入宫中成为唐太宗的"才人"，赐号"武媚"。唐太宗死后，她和一些妃嫔一起被放出宫外，于感业寺削发为尼。她本当青灯黄卷了此一生，但因为太宗之子李治进宫侍疾时，与父王侍妾的她不知怎么有了一段暧昧关系，李治成为唐高宗之后，偶来感业寺进香，武媚伺机见到了往日的情人，自有一番煽情的表演，藕虽断丝仍连的高宗也有动于衷。其时，正好王皇后与萧淑妃争宠，王皇后暗中让武氏蓄发进宫，希图她和自己结成统一战线。漂亮的女人在大致同龄女人的心中，差不多都只能引起嫉恨之情，而女人如果还有权势欲，则往往比男人有权势欲更为可怕。在以男性为中心的社会中，有权势欲的女人是一种异数，但正因为如此，她或她们在夺取权力的过程中，会显得更为坚韧不拔、工于心计和不择手段，而且一旦大功告成之后，诛除异己也会更加残忍。王皇后一念之差，不仅使自己与萧淑妃两败俱伤，各杖二百，削去手足塞于酒瓮惨死，而且让武则天登上权力的顶峰，改写了唐代一段时期的历史。

年方32岁的武"昭仪"终于登上了皇后的宝座，但母仪天下远远未能满足她的野心，她步步为营，终于大权独揽。她先后立了三个亲生儿子做太子，但一个被杀（李弘），一个废为平民后自杀（李贤），一个被废（李显），继被废的中宗李显之位而称为睿宗的李旦，也是名存实亡。公元690年，武则天终于改国号为周，自称金轮皇帝。她活了82岁，前后执掌政权达50年之久，正式成为皇后和以太后身份临朝称制也有

如果有私心，搬起石头就会砸自己的脚。人类永远记不住这一点，所以这样的悲剧就一直上演着，永远也不会落幕。

怅望千秋

上海著名中学师生推荐书系

整整20年。因此，据说她写于称帝后第二年腊月的
《腊日宣诏幸上苑》，其威风八面就绝非偶然了：

> 明朝游上苑，火急报春知。
> 花须连夜发，莫待晓风吹。

"腊日"，是阴历十二月初八，俗称腊八。北地天
寒，此时远不是开花之日。在人间贵为帝王的武则
天，竟然目空一切地命令春神，企图做后人多次做过
的"向地球开战"的蠢事。民间的传说是，百花中唯
有特立独行的牡丹抗命，武则天一气之下，将牡丹从
长安迁往洛阳，才有今日的洛阳牡丹之盛。有人颇为
欣赏此诗的想象与气概，我虽也觉得想象堪称奇特，
气概也确实不凡，但却不是李白式的想象与气概，而
是封建帝王的暴戾之想与富贵之气。武则天所谋杀
和诛杀的骨肉、近亲、李唐宗室与文武大臣，可以开列
一个长长的长长的"黑名单"。仅就李唐宗室而言，
动辄"灭门"，几乎诛戮殆尽。如果联想到那些生杀
予夺之下的孤鬼冤魂，武则天此诗的号令天下，不，号
令自然，自是不难理解。不过，假若你生活在那个时
代，你难道不会不寒而栗吗？

武则天的诗，据史家记叙，大多是由元万顷、崔融
等人代笔，上述之诗是否出自她的素手或杀手，已经
无法确证，但下引的《如意娘》则历来被认为出自她
的笔下：

> 看朱成碧思纷纷，憔悴支离为忆君。
> 不信比来长下泪，开箱验取石榴裙。

虽显示了奇特的想象，但这样的想象已没有了诗味。这使我想起了苏联一篇小说中的叙述：卫国战争时期，一名纳粹军官是艺术爱好者，他的床头有个别致的灯罩。它色彩非常鲜丽，图案绝顶美艳，再加上质地细腻，纹理华美。原来，这是用人皮——活剥下来的俘虏的皮做成的。

艺术是人类高贵精神的显现，一切反人类的行为都是对艺术的反动，对艺术的亵渎。

115

"如意娘"，是武则天自制曲调名，"看朱成碧"，是说把红色看成绿色，语出南朝梁王僧孺《夜愁示诸宾》："谁知心眼乱，看朱忽成碧。"此处极写愁情怨绪之纷乱，以致心神恍惚而颜色不辨。古今中外写相思泪的诗不少，武则天此作将外形的泪痕与内心的愁绪交融着笔，如果不论诗的具体背景，倒是婉曲有致地表现了具有普遍意义的闺思闺怨，和引人共鸣的没有完全异化的人性人情。据说此作是在感业寺剃度后写的，她是写于哪一个不眠之夜呢？是在哪一盏不眠的青灯下写成的呢？比起前一首的威风凛凛、杀气腾腾，真是彼一时也，此一时也。我猜想，她和唐高宗在感业寺再度相逢时，一定泪流满面地将此诗交给了高宗，而她的其时是弱者的泪水，终于一度倾覆淹没了赫赫的大唐王朝。

武则天的功过如何，让史家去继续争论吧，我感兴趣的是骆宾王曾撰写《讨武曌檄》，对她口诛笔伐，痛快淋漓。然而，武则天却对骆宾王的未曾见用表示惋惜："宰相之过也。人有如此才，而使之流落不偶乎！"这也许表现了这个小女人大皇帝的爱才之心，许多论者都曾津津乐道，不过，这都是一种"预设"或"后设"，骆宾王后来或说败死，或说隐遁，总之下落不明。我觉得这样最好，真要一旦成为阶下之囚，以武则天的残忍好杀、六亲不认——连姐姐韩国夫人和侄女魏国夫人都被毒杀，连亲生儿子李弘都被赐死、嫡亲孙女永泰公主都被鞭死，无亲无故而且有"恶攻"言论的知识分子骆宾王，还想有更好的下场么？

据说，武则天读到檄文中"一抔黄土未干，六尺之孤安在"这个句子时大为赞赏。

二

帝王的宫苑，是一座华丽而森严的监狱，窒息了多少妙龄少女，囚禁了多少如花青春，唐玄宗时代的梅妃，就是其中的一位。

据史籍记载，天宝十三年（754）全国人口为52 880 488人，是唐朝的最高人口数字，其中女性约占全国人口的一半。而唐代宫苑中的妃嫔侍女呢？杜甫在《观公孙大娘弟子舞剑器行》中说"先帝侍女八千人"，白居易在《长恨歌》中说"后宫佳丽三千人"，他们指的只是一个大约之数，而且"八"与"三"在音韵上也比较和谐，实际上，唐代宫廷女性的数字要远远超过杜甫和白居易的想象。唐太宗时，李百药上疏《请放宫人封事》，就曾说"无用宫人，动有数万"，而唐玄宗时，"开元、天宝中，宫嫔大率至四万"（《新唐书·宦者上》），也就是说，宫廷妇女约占全国人口六百分之一。宋人洪迈在《容斋五笔》中就此谈到他的看法，认为那是自汉代以来妃妾人数最多的时代。可见历史上传为美谈的开元、天宝之治，后宫有多少女人的血与泪，而唐玄宗这个前期的明主后期的昏君，在占有女色方面，也充分地表现了所谓"大唐雄风"。

梅妃，是唐代后宫一声沉重的叹息，一捧悲哀的眼泪，一句忍无可忍的抗议。她原名江采苹，今日福建莆田人，世代行医的江仲逊的掌上明珠。唐代许多帝王，都曾先后在民间采选良家女子。姿容美丽文才又自比晋代才女谢道蕴的江采苹，被选秀的高

封建时代宫廷两大现象——太监和宫女。这两种现象给百姓带来了极大的痛苦，值得去认真探讨。

力士送入宫中，甚得唐玄宗的宠幸。因喜爱梅花，唐玄宗将她的居所题名"梅亭"，并戏称其为"梅精"。绝大多数帝王都是贪得无厌的好色之徒，只不过是在君权神授的冠冕堂皇的外衣掩盖下，而行其淫乱而已，如果是在今日，少不得要被送上刑事法庭，至少也是道德法庭。唐玄宗何能例外？愈是国运昌隆、大权在握而又风流自赏，就愈有野心与色心。不久，过去的儿媳后来的杨贵妃入侍，生性软弱而先来居下的江采苹，远不是后来居上的杨贵妃的对手，终于被迁往上阳东宫那一座冷宫。当年得宠之时，高力士对她奴颜婢膝，曲意逢迎，而今时移势易，奴才也早已换了一副心肠与嘴脸，这也是一种古今皆然的人性或奴性吧。

从小就落入深宫的江采苹可能是不谙人情，也许是出于无奈，更多的该是无望兼无助的挣扎，她竟然以千金委托高力士，求人拟司马相如作《长门赋》，企图以此打动已移情别宠、心如铁石的唐玄宗。高力士一半出于对新主子的投靠，一半出于对新主子的畏惧，竟谎称找不到这样的"作家"。如果她生逢今日，这样的写手比比皆是，在重赏或重金之下，一些"作家""评论家"不是乐于做贵人与富者的吹鼓手吗？托人不得，梅妃只好自作《楼东赋》以寄托哀怨之情。她还有《萧兰》《梨园》《梅花》《凤笛》《玻璃杯》《剪刀》与《绮窗》七赋，如今均已只字不存，无可寻觅。"苦寂寞于蕙宫，但凝思于兰殿。信飘落之梅花，隔长门而不见。况乃花心飐恨，柳眼弄愁。暖风习习，春鸟啾啾。楼上黄昏兮，听凤吹而回首；碧云日暮兮，对素月而凝眸"，只有被人称为可与汉代班婕妤《长

也未必。因为今天的"作家""评论家"一样有许多势利之人。他们绝不会给失势的梅妃提刀，他们只给得势的贵妃献媚。

信宫赋》比美的《楼东赋》，其怨曲哀音仍然从唐代清冷幽暗的东楼传来。不过，班婕妤虽然也是写弃妇的命运，但还是"非礼勿言"，而江采苹抒写自己的回忆、失望、痛苦甚至怨恨，却具有人性的多面与深度，非班婕妤之作可比。

梅妃留存至今的除了一赋，还有一诗。有一年，少数民族的使者进献珍珠，唐玄宗于花萼楼不知是心血来潮，忽然忆念冷落已久的梅妃呢，还是将政治手腕用之于内苑私情，便命封一斛密赐，谁料梅妃竟然敢冒天下之大不韪，拒受且作《谢赐珍珠》一诗：

> 桂叶双眉久不描，残妆和泪污红绡。
> 长门尽日无梳洗，何必珍珠慰寂寥！

套用一句现代语言，梅妃可以说是"重精神而轻物质"。精神上刻骨铭心的痛苦，岂能是物质所能解脱和疗救的？尽管那有形的物质贵如珠玉。梅妃绝不是强者，但她柔弱之中有刚烈，温柔如水的人有时也不免火花飞溅，她终于做了一回拒绝帝王之赐并抒写幽怨之诗的"女强人"。而唐玄宗毕竟还不算暴君，他并没有龙颜大怒，而只是"怅然不乐，令乐府以新声度之，号《一斛珠》"，这位多才多艺雅好音乐的帝王，竟然还有为梅妃诗谱曲的逸情雅兴。

李隆基贵为帝王，少不了三宫六院，见异思迁。见于史书的他的皇后妃嫔就有20余人之多，王皇后是参与过他发动政变的患难夫妻，但因武惠妃得宠，患难之妻也就被废为庶人，虽然王皇后被废之前曾向他哭诉旧情，他也曾一时怦然心动，帝王毕竟也是

从梅妃这首诗中，我们看到了人性的力量。人类所以高贵，就是任何时候，任何地方，无论多么艰难，总会有一种高贵的精神在少数高贵者的身上闪耀。也许只有这个时候，人类才没有性别之分，只有高贵与低贱之分。

人，有时也还有某些人性，并没有完全彻底地异化。据说梅妃死于"安史之乱"的兵燹之中，垂垂老矣的玄宗追怀往事，不免伤感，有宦者进梅妃的画像安慰他，他曾作《题梅妃画真》一诗："忆昔娇妃在紫宸，铅华不御得天真。霜绡虽似当时态，争奈娇波不顾人。"诗的结句情韵动人，是南唐李后主词"娇波横欲流"的先声。李隆基此时名义上虽是"太上皇"，但主要却是一个来日无多、万事皆空的老人，<u>鸟之将死，其鸣也哀，人之将死，其言也善</u>，他感时伤逝的诗是否也是这样呢？

三

如果不署作者的姓名，有谁知道这首颇具眼光与气概的《筹边楼》诗，是出自沦落风尘者的纤纤素手呢？已经到了生命的晚年，夕阳本已不堪回首，何况夜幕即将降临，但她却挥洒出这一篇如朝日初升的作品：

平临云鸟八窗秋，壮压西川四十州。
诸将莫贪羌族马，最高层处见边头。

太和四年，即公元830年，后来位居宰相的李德裕任剑南西川节度使，他是一位官员，但同时也是一位雅好吟咏的诗人。莅川次年，他于成都府之西建楼，绘蜀地山川险要于楼之左右壁，常与僚属于其上筹划守边事宜，故名"筹边楼"。自韦皋以下至李德裕，薛涛历事11位镇蜀的大员，均有诗献酬。她生于唐代宗大历三年(768),卒于文宗太和六年(832),因此,此诗当是她逝世以前不久的作品。

薛涛,字洪度,原来是长安人,幼小时随父亲薛郧仕官入蜀,父早逝,孤苦伶仃的薛涛只好流寓蜀中。因为她美慧能诗,精于音律和诗赋,于是蜀地的风便把她的芳名吹遍了四川。贞元元年韦皋镇蜀,召薛涛侑酒赋诗,遂入"乐籍"——也就是随营的军妓,那时她年方十五六岁。虽然薛涛是一名高雅的诗妓,但与以色艺事人的妓女在地位和本质上并无区别。贞元五年,她得罪了韦皋而被流放松州,即今日四川之松潘县,与甘肃相邻。杜甫《西山》诗说"烟尘侵火井,雨雪闭松州",《警急》诗更有"玉垒虽传檄,松州会解围"之句,可见此地是四川北部的边城,与吐蕃作战的前线。薛涛在那里度日如年,但也了解了边地的种种情形,丰富了阅历。她的《罚赴边有怀上韦令公二首》说:"闻说边城苦,而今到始知。羞将门下曲,唱与陇头儿。 黠虏犹违命,烽烟直北愁。却教严谴妾,不敢向松州。"其中有对达官贵人歌舞升平与边地战士征戍艰苦的对比和讽喻,更有如风中之叶的弱女子的自诉与自怜,因此,她晚年能写出《筹边楼》一诗,就是其来有自而绝非偶然的。

写秋色秋光而且以"秋"字煞尾的诗句多矣,在薛涛之前,宋之问有"石上泉声带雨秋",李白有"窗竹夜鸣秋",杨巨源有"次第看花直到秋",但薛涛的"平临云鸟八窗秋"却是如椽之笔,而"壮压西川四十州"更补足了筹边楼的高崎与胜概。前两句写高楼的壮观,后两句抒自己的感怀,劝诫主帅与边将重在保境安民,而不要贪功启衅。她这一阔大胸怀与战略

中国古代女性中,薛涛是一个特例。

眼光，绝不是俗语所云的"妇人之见"，时隔数百年，清代的纪昀在《纪河间诗话》中，还不忘向她致送赞美之辞："然如《筹边楼》云云，其托意深远，非寻常裙屐所及。"

薛涛的手中，有一支亦秀亦豪的诗笔，但主要却是秀而哀，除了因为她是女性诗人之外，<u>时代的投影和个人的生活命运，决定了她只能偶然有豪情胜概，如同潺潺的溪水在烈风的吹刮下，也会掀起一两个浪头，平日却只能是溪水潺湲，溪声呜咽。</u>薛涛从松州回成都之后，虽然脱了乐籍，卜居于浣花溪，和名诗人元稹、白居易、张籍、刘禹锡、王建等均有唱和，而且与风流文人元稹更有过一段长时间的于她是刻骨铭心的恋情。王建《寄蜀中薛涛校书》说："万里桥边女校书，枇杷花里闭门居。扫眉才子知多少？管领春风总不如。"而元稹也有《寄赠薛涛》："锦江滑腻峨眉秀，幻出文君与薛涛。言语巧偷鹦鹉舌，文章分得凤凰毛。纷纷辞客多停笔，个个公卿欲梦刀。别后相思隔烟水，菖蒲花发五云高。"然而，诗人文士们也多是慕名兼慕艺，爱才兼爱色也已，有谁能向她捧出生死不渝的真情？韦皋死后，武元衡于唐宪宗元和二年继任四川节度使，蜀道之难难于上青天，他写有一首《题嘉陵驿》："悠悠风旆绕山川，山驿空濛雨似烟。路半嘉陵头已白，蜀门西更上青天。"38岁的薛涛曾和诗一首，题为《续嘉陵驿诗献武相国》："蜀门西更上青天，强为公歌蜀国弦。卓氏长卿称士女，锦江玉垒献山川。"武元衡赏识她的才华，曾奏举她为"校书郎"，但却格于旧例而未授，虽然对她时称"女校书"，但"校书"在后世却成了妓女的代名词。红颜薄命的薛涛,她能不有无限低回的身世之感吗?

"冷色初澄一带烟,幽声遥泻十丝弦。长来枕上牵情思,不使愁人半夜眠"(《秋泉》)呵,"水国蒹葭夜有霜,月寒山色共苍苍。谁言千里自今夕,离梦杳如关塞长"(《送友人》)呵,薛涛只能在她卜居的浣花溪畔弹奏她幽怨的七弦琴,而《赠远二首》,更是凄然欲绝之作:

> 芙蓉新落蜀山秋,锦字开缄到是愁。
> 闺阁不知戎马事,月高还上望夫楼。

> 扰弱新蒲叶又齐,春深花落塞前溪。
> 知君未转秦关骑,月照千门掩袖啼。

元稹于元和四年三月被任命为东川监察御使,驻梓州(今四川三台县)。史有记载而尚待确考的是,其妻去世不久,他与薛涛见而相爱,相处三月有余,薛涛视之如"夫"。不久,元稹被召回长安,两人未能再见,短短的喜剧,长长的悲剧。薛涛呵,她知不知道元稹当年对崔莺莺的始乱终弃呢? <u>她知不知道元稹丧妻后曾呼天抢地作《遣悲怀三首》,悲痛欲绝地说什么"取次花丛懒回顾,半缘修道半缘君"呢?</u>

在成都浣花溪,薛涛曾创制写信题诗之用的深红色松花小笺,人称"薛涛笺"。一千多年的时光随流水逝去了,薛涛,如果我从楚地前来蜀地,如果我敲叩你在浣花溪故居的门环,你能赠我一页诗笺吗?

很多人用"轻"来形容元稹的诗风,恐怕更多的是从他的为人着意的吧。也许我们没有理由去谴责元稹并要求他做得更好,因为这是他的性格使然。但我们有理由期待他做得更出色,毕竟只有那些突破性格钳制、克服性格缺陷的人,才能真正地超越自我。

"薛涛笺"寄托了人们对她的无限情思。

四

莺莺,唐代的一位薄命佳人,中国文学人物形象画廊中一个别具风姿的多情而尊严的形象,时隔千年,我仿佛还看到她温柔而刚毅的眉眼,听到她一声悠长而又悠长的叹息。

也许我们不会知道历史上曾经有过这样一位丽人,也许我们今日可能无缘读到她的诗句,假如诗人元稹没有写又名《莺莺传》的传记文学《会真记》。在这篇传记文学中,他托名张生,记叙自己在山西蒲城之普救寺,与崔氏孀妇之女他的中表妹妹莺莺的一段艳遇。他对莺莺一见钟情,以《春词》二首挑逗,托莺莺的婢女红娘以通情,并且哀怜求告说:"若因媒氏而娶,纳采问名,则三数月间,索我于枯鱼之肆矣。"意谓相思成疾,将不久于人世。这本是薄幸郎君的矫情与手段,不知是出于久闭深闺的少女的情窦初开,还是出于对元稹的同情欣赏,或是还包含兵乱之中对元稹设法保护了他们母女的感激,莺莺回以《明月三五夜》一诗,又题《答张生》:

> 待月西厢下,迎风户半开。
> 拂墙花影动,疑是玉人来。

这首诗,内里燃烧着青春的火焰,但写来却一派明月清风。现代人的幽会,多在酒吧茶屋,或是咖啡厅与卡拉OK,但莺莺诗所创造的,却是古代月明花影幽期密约的典型情境,这种情境使宋代的欧阳修与朱

这首诗表现的是中国古代无数女子的生存梦幻,真实的生活是很难有这等美丽的。

淑贞羡慕,他们分别写出"月上柳梢头,人约黄昏后"（《生查子·元夕》）,"但愿暂成人缱绻,不妨常任月朦胧"（《元夜》）。古典诗词中的爱情,有多少能离开花与月呢?

元稹与莺莺相恋数月,翌年即赴长安赶考,多才多艺的莺莺鼓《霓裳羽衣序》以送行。元稹文战不利,莺莺去信安慰,并赠以表白坚贞的玉环以及乱丝、竹茶碾之属,并一语双关:"泪痕在竹,愁绪萦丝。因物达情,永以为好。"然而,这却已是莺莺可怜可悲的单相思了,元稹为了自己的利禄功名,他当然不会属意于虽为亲戚但已去世的小小"永宁尉"崔鹏的女儿,而是像藤蔓一样不久就攀上了位高权重的太子少保韦夏卿的幼女韦丛,对莺莺始乱终弃。尤为恶劣的是,不知是为了洗刷还是炫耀,这个薄幸文人居然还在文章中诬蔑莺莺是"尤物"和"妖孽",他还以商纣王与周幽王为例,说什么"大凡天之所命尤物也,不妖其身,必妖于人。使崔氏子遇合富贵,乘宠娇,不为云,不为雨,为蛟为螭,吾不知其所变化矣",而他为什么抛弃莺莺,使她成为"被侮辱与被损害的"弱女子? 他的辩白词竟是"予之德不足以胜妖孽,是用忍情"。因为种种原因,莺莺当时不能起诉他犯了毁谤罪,但元稹的友人杨巨源早就有《崔娘诗》,委婉批评了元稹,而对莺莺寄以深切的同情:"清润潘郎玉不如,中庭蕙草雪销初。风流才子多春思,肠断萧娘一纸书。"天下的坏男人想占有对方而不得时,常常以各种卑鄙恶劣的手段施行报复,但既已占有而又出此下策,予以文字攻讦毁其名誉的,却可以说是卑劣之尤了。

古今许多文人,都患有人格分裂与文人无行的病

从这里看,元稹是那种"文人无行"的典型。

125

症，今日某些文人的症候，在古代文人那里也可以找到渊源。元稹出仕之后，早期直言执法，敢于得罪权贵与宦官，也曾和白居易一起推动诗坛的新乐府运动，他的一些作品如《连昌宫词》，也颇具社会意义，世以"元白"相称。然而，后来他却改弦易辙，转而依附弄权的宦官，自己也因而青云直上甚至当了宰相，其作品也趋于轻靡浮艳，所谓官位日隆而时誉日薄、诗格日卑。对待崔莺莺呢？在情场，他运用的大约也是官场的手段，夫人韦丛27岁死后他悲天恸地，曾作著名的《遣悲怀三首》，但不久他在四川却又和薛涛同居，这也属人情之常，可以理解，但他又一去不返，在江南又恋上了歌女刘采春，而薛涛开始还一厢情愿地等待他来迎娶。他抛弃莺莺而娶韦丛，莺莺也择人而嫁，但他竟然还以表兄的名义去求见，他怀有什么目的和企图，已经不得而知，然而以其人的品行推测，至少不会是去道歉，当然更不是谢罪。不过，为他所始料不及的是，莺莺这回再也不会天真地迎风户半开了，而是飨他以闭门羹，拒不见面，并掷去《绝微之》（《全唐诗》又题为《寄诗》）和《告绝诗》：

自从消瘦减容光，万转千回懒下床。
不为旁人羞不起，为郎憔悴却羞郎。

弃置今何道，当时且自亲。
还将旧来意，怜取眼前人。

其中有悔不当初的自怜，但更多的却是绵里藏针的他砭他怨。这位古代的弱女子，以前由于年轻和轻信,没有守住自己的城池,在历经戏弄、饱经忧患之后,她在自己的人格的最后一道防线上终于寸步不让,维护了一个女人在轻薄之徒面前的最后的尊严。

悲剧,常常比喜剧更具有打动人心的力量。由于对莺莺的同情,赵德麟的《商调蝶恋花》、董解元的《弦索西厢》、王实甫的《西厢记》、关汉卿的《续西厢记》和李日华的《南西厢记》等,多是以大团圆结束。还是还历史的本来面目吧,大至国家大事,小及儿女私情,茫茫人世,芸芸众生,如果现代的人间仍有正道,现代的爱情仍有准则,那么,莺莺的故事虽然不是一记警世的洪钟,但却仍是一记警人的清钟。

五

中唐时,韩翃和柳氏的悲喜剧,大约是当时一度轰动京城的重要新闻了,并且成了大家喜闻乐听的佳话,如一块巨石投于湖池之中,漾起一圈又一圈的波纹。不然,唐人孟棨已在《本事诗》中作了绘声绘色的记叙,为什么许尧佐还要作《柳氏传》而笔舞墨歌?

韩翃和柳氏的故事,可以写成一部精彩动人的现代小说。这故事本来以喜剧开场,韩翃年轻时即颇有才名,但家徒四壁,邻居李将军待之甚厚,而李的侍妾柳氏慧眼识人,思想开放的李将军旁观者清,即以柳氏相赠,韩柳感情甚笃。韩翃进士及第后,淄青节度使侯希逸聘为从事。不料安史乱起,天下扰攘,喜剧于是转为悲剧。两人三年未见,柳氏虽避乱而削发为尼,却仍被建有战功的蕃将沙叱利夺走。一方是军权在握、有功于唐的赳赳武夫,一方是位沉下僚、手无寸

铁的彬彬文士，如古往今来许许多多力量悬殊的对峙与斗争，不待正面交锋已经胜负先判。看来这故事将要以悲剧收束了，然而，正所谓山穷水尽之际忽然柳暗花明，年轻的勇士许俊该出手时就出手，竟然太岁头上动土，智勇兼备地夺回柳氏，而有侠士之风的侯希逸也上奏朝廷，历数沙叱利霸占人妻之罪，软弱无能但还算清白的唐代宗，采取以物抵人之法，批示赐绢两千匹给沙叱利，而柳氏则归还韩翃，于是除沙叱利之外皆大欢喜，原是寻寻觅觅凄凄惨惨戚戚的悲剧，忽而又转换成其喜洋洋者矣的喜剧。

记录过这场悲喜剧的，除了上述孟棨《本事诗》和文异事同的许尧佐的《柳氏传》，更有主人公自己的作品。当初两人分离暌隔之际，韩翃曾以丝网袋子装上良金寄给柳氏，并题诗《寄柳氏》：

> 章台柳，章台柳，往日青青今在否？
> 纵使长条似旧垂，也应攀折他人手。

章台是战国时秦宫之台名，在陕西长安故城之西南隅。其时柳氏暂居长安，故"章台柳"一语双关，意指柳氏，叠句而呼之，可见韩翃思心之殷，诗心之妙。在叠语呼告之后，诗人从今昔之异势而抒写心中的隐忧。时逢战乱，音问难通，他是不幸而言中了。从柳氏的《答韩翃》看来，她当时虽尚未被他人攀折，但在时代的罡风苦雨之中，也是前途未卜，忧心忡忡：

> 杨柳枝，芳菲节，可恨年年赠离别。
> 一叶随风忽报秋，纵使君来岂堪折！

"堪"在这里可理解为"忍"，即"忍心"。"岂堪折"是站在对方立场说，是将自己的怜惜心理转给读诗者，是一种化被动为主动的委婉。

孟棨说"柳以色显,独居恐不自免,乃欲落发为尼,居佛寺",可见柳氏美貌。如果不美,不会为趁火打劫的沙叱利所劫而"宠之专房",连现代的我们也不会如此惋惜佳人命薄、明珠暗投了。柳氏也有才,虽然她只存诗一首,虽然我们只知其姓而不晓其名,但她以"柳"自喻,既符合折柳赠别的古风,也与韩诗此呼彼应,同样是言此意彼的妙想与妙笔,出自才女的锦心绣口,与韩翃之诗可谓璧合珠联。

六

近些年来,商品经济的大潮汹涌澎湃,冲击着几十年来筑就的计划经济固若金汤的堤防,波涛所及,在更新了众生原来许多旧有观念的同时,也冲决了一些传统美德的堤岸。在婚姻领域内,不少经商在外的男人久出不归,重婚或出轨,导演了许许多多家庭的悲剧,污染了社会的风气,虽然这些悲剧的剧场与剧情各有不同,但大体上仍是古代悲剧的现代版本。

如果当今的商人妇仍然不时有悲剧上演,那么,在男女更不平等而交通颇不发达、资讯十分落后的古代,许多商人妇所扮演的,就只能是怨妇或弃妇的角色了。她们的悲剧,除了专业的诗人为之歌咏而外,还有民间的作者或歌手的吟唱。刘采春就是其中的一位。她是淮甸即今日江苏淮安人,艺人周季崇之妻,能诗而善歌。唐人范摅在《云溪友议》中说她歌声彻云,诗作虽然不及薛涛,但容貌风采却更在薛涛之上。元稹当年以越州刺史兼浙东观察使时,本拟去蜀地迎娶薛涛,但他一见到刘采春,就立即乐不思蜀

了。他过去写过赠薛涛之诗，彼一时也，此一时也，他现在写的却是《赠刘采春》："新妆巧样画双蛾，漫裹常州透额罗。正面偷匀光滑笏，缓行轻踏破纹波。言辞雅措风流足，举止低回秀媚多。更有恼人肠断处，选词能唱《望夫歌》。"所谓《望夫歌》，就是刘采春所唱的《啰唝曲》，据说有120首，今传6首：

妙在"连坐"。

> 不喜秦淮水，生憎江上船。
> 载儿夫婿去，经岁又经年。

妙在自谴。

> 借问东园柳，枯来得几年？
> 自无枝叶分，莫怨太阳偏。

妙在错觉。

> 莫作商人妇，金钗当卜钱。
> 朝朝江口望，错认几人船。

妙在意外。

> 那年离别日，只道住桐庐。
> 桐庐人不见，今得广州书。

妙在决然。

> 昨日胜今日，今年老去年。
> 黄河清有日，白发黑无缘。

妙在体贴。

> 昨日北风寒，牵船浦里安。
> 潮来打缆断，摇橹始知难。

"啰唝"，即"来啰"，寓盼远人归来之意。6首诗都凄婉动人，堪称上选之作，但如果还要细评，则单数的三诗又在双数的三诗之上。"水"与"船"本属无辜,现在却要为"夫婿"担当离家久别的罪过,真是移情于物的无理而妙的奇想。而金钗卜归,错认船帆,也会使人联想到于鹄《江南曲》的"众中不敢分明语,暗掷金钱卜远人"和温庭筠《望江南》的"过尽千帆皆不是,斜晖脉脉水悠悠,肠断白蘋洲"。<u>前者重在"移情",后者重在"错觉",都源于生活而联想巧妙,语言浅俗而情思幽远</u>。第五首前二句句中对比,以"胜"与"老"绾合昨日与今日、今年与去年,后二句则句与句对比,不可清之黄河其清尚自有日,而青春则一去不会再来。人生没有回头的岁月呵,这比"年年岁岁花相似,岁岁年年人不同"之句,更觉警策动人。

有人说,《啰唝曲》是刘采春所唱而非她所写,不过,《全唐诗》既录在她的名下,你想证明非她之作也查无实据。<u>这组诗,具有民间的质地与民歌的风韵,出自人工,也为天籁,至少因为有了刘采春的歌唱才得以流传至今。"采采流水,蓬蓬远春",我心怀的是千年的感念</u>。

七

有人说,薛涛、李冶、鱼玄机和刘采春是唐代最优秀的4位女诗人。我以为薛涛的名声比李冶为高,这可能是作品数量、与名人交游酬唱以及成都浣花溪遗迹等原因形成的,然而,李冶作品的水准绝不在薛涛之下。如果排名第一必须投票,我也许会举"票"不定,但我最终还是会倾向李冶,因为她现存作品虽少,整体水平却较高,而且其中又有一些上品,即使和唐代许多男性诗人去比试高低,得出的结论也只能是:

女中四杰。

131

巾帼不让须眉。如果她和男性诗人有同等的外部创作条件，那将会有更多的须眉拜倒在她的石榴裙下。

字季兰的李冶，中唐时代乌程（今浙江吴兴）人，出生东南的女才子。道教在唐代被尊为国教，包括皇亲国戚在内的女子出家的所在多有，更多的则是为生活所迫的下层女子，李冶不知何故也成了女冠。女冠比佛尼有较多的思想和行动的自由，多才美貌的李冶，自然也有许多诗人文士乐于和她交往，如茶仙陆羽、诗僧皎然以及刘长卿、刘禹锡等人。皎然甚至有《答李季兰诗》："天女来相试，将花欲染衣。禅心竟不起，还捧旧花归。"有一次，一群文士在乌程开元寺聚会，大约如同今日的文艺沙龙，李冶竟然援引陶渊明"山气日夕佳"之句，来奚落有疝气病的刘长卿，刘长卿来而不往非礼也，也引用陶渊明的诗"众鸟欣有托"作答，五柳先生虽然做梦也不会想到，五百年后他的诗句会派上这种用场，但如此谑而不虐，庄谐并作，也可见唐代社会的开放，文士文女们的戏谑也颇具文化内涵，不像现在的民谣所说"说真话领导不愿听，说假话群众不愿听，说痞话大家都愿听"。元人辛文房在《唐才子传》中记载此事后评论说："举座大笑，论者两美之。"他持的是赞赏的态度，这位几百年前的古人，观念倒是相当现代。

唐代的女冠，有作品流传至今的仅止3人：李冶、鱼玄机、元淳。她们的作品数量依次是18首、50首、2首，九分天下有其一，占唐代现存女诗人作品的九分之一。《唐诗纪事》说，刘长卿曾称李冶为"女中诗豪"，这大约是因为刘禹锡在当时已有"诗豪"之称，刘长卿就只好用性别来界定她吧。"诗豪"，是指性格

张望千秋 ◉

上海著名中学师生推荐书系

俗人附庸风雅终为俗，雅人行为俗事还为雅。

和作风,可见李冶之雄放不羁,是对封建礼教说"不"的开放型女性,当然,也是指她的作品除了女性诗人的特质之外,更时有豪壮之气。她的同时代人高仲武选编《中兴间气集》,在她的诗选之前的小序中说:"士有百行,女唯四德。季兰则不然也,形气既雄,诗意亦荡,自鲍照以下,罕有其伦。"可谓诗人与诗选家所见略同。

　　唐代写音乐的名篇,常见提及的是白居易《琵琶行》、韩愈《听颖师弹琴》以及李贺《李凭箜篌引》。李冶是个女人,在男性大一统的社会里,她的《从萧叔子听弹琴赋得三峡流泉歌》默默无闻尚可理解,今天则不应该再让它受到冷落。其实,上述诗人的生年与作品均后于李冶,他们应该从李冶此作中获得过创作的灵感与艺术的启示:"妾家本住巫山云,巫山流泉常自闻。玉琴弹出转寥夐,直是当时梦里听。三峡迢迢几千里,一时流入幽闺里。巨石崩崖指下生,飞泉走浪弦中起。初疑愤怒含雷风,又似呜咽流不通。回湍曲濑势将尽,时复滴沥平沙中。忆昔阮公为此曲,能令仲容听不足。一弹既罢复一弹,愿作流泉镇相续。"李冶此诗,比起白居易等人对音乐的描写,绝无多让。她还有并无实指却更空灵的《相思怨》:

> 人道海水深,不抵相思半。
> 海水尚有涯,相思渺无畔。
> 携琴上高楼,楼虚月华满。
> 弹着相思曲,弦肠一时断。

时人与诗人常以海来比喻忧愁,如孟郊《招文士

相思之深,相思之广,相思之伤,构成相思之恨。有化用,有独创。化用前人而超越前人,独创启示后人、引领后人。这首诗堪称上品。

饮》就有"醒时不可过,愁海浩无涯"之句,而李冶则说海水远不及相思之深、相思之没有涯际。比她晚数十年的白居易有《浪淘沙》一诗:"借问江潮与海水,何似君情与妾心? 相恨不如潮有信,相思始觉海非深。"此词的结句,我总怀疑是化用了李冶的诗意,如果他否认,说他并没有读过李冶的上述诗篇,但绝不可否认的是,李冶这种诗想的文字呈现,远在白居易之前,犹如运动场上创造的是同一记录,但却仍然有先后之分,如同李冶诗的结句"弹着相思曲,弦肠一时断",也可能是从庾信《怨歌行》"为君能歌此曲,不觉心随断弦"转化而来。文学的发展长江后浪推前浪,但后浪毕竟是前浪的发展,当今文坛诗苑一些英雄豪杰高呼"反传统",否定必要的继承和对传统的创造性现代转化,他们抽刀断水,但水仍然永远承前启后,向前奔流,为刀所伤的只是他们自己而已。

李冶娇弱的手中握有一支健笔,如同《相思怨》一样,她的另一首写离别的诗《明月夜留别》,情思虽然宛转,但却写得意象开阔而想象飞扬:

> 离人无语月无声,明月有光人有情。
> 别后相思人似月,云间水上到层城。

古来以月写相思的诗太多,但李冶此诗却颇具真正的艺术所特有的创造性。全诗人月合写,第一句两"无",第二句反之两"有",第三句人月合一,第四句天上人间。三次写"人",三回写"月",意象幽美而阔远,意旨则确定而又模糊,明朗与朦胧缔结了诗的良缘,二者之美兼而有之。

"无声"但"有情",是"此时无声胜有声"。更妙的是以"无声"之月象比别后之相思,不仅以有形写无形,更是让所有的寂静之夜,天上人间都陷入相思月华的笼罩之中,从而呈现相思之广阔无边。

我认为李冶不仅在薛涛之上,而且在唐代所有女诗人之上,因为她还有一首空前绝后的独创的诗。文学创作并非如韩信将兵,多多益善,量多而质高当然很好,但可怕的是宣扬自己出了多少本书,发表了多少万字,如果到头来只是一堆废纸,那就真是所谓枉抛心力作诗人或当作家了。独具原创性的作品,哪怕只有一首,也会是一颗亮丽的传世之珠,如李冶的《八至》:

> 至近至远东西,至深至浅清溪。
> 至高至明日月,至亲至疏夫妻。

首句说东西之方位,次句说溪流之浅深,第三句说日月之高明,其间之"近远""深浅""亲疏"矛盾相对,内涵颇多深趣,语言极富张力。结句仍然如此,但却是从物理而人情而人情中最亲密的夫妻之情,夫妻本是"至亲",但却又可"至疏",既可同床一梦,也可同床异梦,真可触发读者许多历史的与现实的联想。在唐诗的珍宝馆中,这是一首独一无二精美如珍珠的好诗,古典而现代,如果爱因斯坦有知,该可提早创立他的《相对论》吧?

李冶呵,女中的豪士,诗中的健者!

八

"问君能有几多愁?恰似一江春水向东流",这是南唐后主李煜《虞美人》中的名句,流过了千年岁月,流过了多少人的嘴唇。多年来,我就想去询问李

煜，你写的这两句词，完全是从你的心底涌出的呢，还是受到过在你之前近百年的晚唐女诗人鱼玄机的启发？

在唐代的女诗人中，就作品之丰与质量之高而言，鱼玄机是重要的一位。字幼微一字蕙兰的她，长安人，是良家女子而容颜美丽。喜读书与工吟咏，更使她人如其名而具有蕙质兰心。15岁时，她成了补阙李亿之妾，由于不见容于李亿的夫人，她被迫到长安咸宜观当了道士。她一度出游江汉，并和诗人文士温庭筠、李郢等人唱和往还，其佳篇警句传播士林。鱼玄机是生活在社会底层的被侮辱与被损害的弱女子，其境遇令人怜惜，其诗才使人欣羡，但她后来怀疑婢女绿翘与她的情人有染而将其笞杀，因而被京兆尹温璋处死。这虽然也许出于她的心理变态，但被损害者也可以损害别人吗？杀人偿命，我们虽为她享年不永而惋惜，然而却无法同情。

李亿之于鱼玄机，虽然内有河东狮吼，但本质上是有权有势的男人对弱女子的始乱终弃。如果要追溯鱼玄机悲剧的根由，李亿不能辞其咎。李亿没有诗留存，不知他月夜清宵良心发现之时，也曾写过怀念鱼玄机的诗没有。但多半是如同从古到今的负心者一样，早把往日的情人抛到九霄云外去了。倒是鱼玄机还念念不忘旧情，甚至还抱有覆水重收的幻想。李亿字子安，鱼玄机写了《闺怨》《寄子安》《春情寄子安》《隔汉江寄子安》等篇章，但却如同今日的被弃者寄出的信，拍出的电报，打出的电话，心肠已如铁石的对方，一概没有回音。鱼玄机不由得愁肠宛转，如她的《江陵愁望寄子安》：

张望千秋 ◉ 上海著名中学师生推荐书系

136

枫叶千枝复万枝，江桥掩映暮帆迟。

忆君心似西江水，日夜东流无歇时。

《楚辞·招魂》有"湛湛江水兮上有枫，目极千里兮伤春心"之句，江陵古为楚地，鱼玄机即景生情，随手拈来，化用《招魂》的怀人而兼伤春的词意，颇有历史、文化和心理的内涵，而"暮帆迟"也一语双关，春日迟迟，青春难再，消息迟迟，破镜难圆。长江由西向东而流，故长江上游也称"西江"，初唐韦承庆《南行别弟》早就有"澹澹长江水，悠悠远客情"之句，而鱼玄机却青出于蓝，而李煜呢，则更是后来居上而胜于蓝了。

在绝望之后，有的人就心事成灰，或独身至死，或自戕而逝，这些都未免过于极端和消极，也有负自己只此一次不可再得的人生。人生只有一次，过期则如同作废的票据，在行之有效时应该善自珍惜。在绝望的灰烬中，鱼玄机燃起的是抗争和追求的火焰。这火焰，灼灼在《赠邻女》一诗之中：

> 羞日遮罗袖，愁春懒起妆。
> 易求无价宝，难得有心郎。
> 枕上潜垂泪，花间暗断肠。
> 自能窥宋玉，何必恨王昌？

此诗一题为《寄李亿员外》。鱼玄机此时的感情已是由"愁"而"怨"，由"忆"而"恨"，由幻想的破灭到希望的追寻了。战国时楚人宋玉有《登徒子好色赋》："天下之佳人，莫若楚国；楚国之丽者，莫若臣

李煜超越处是含不尽之意于形象之中。鱼玄机把诗说完了，"无歇时"本意是想表达永不停息，但诗要表达的意思却已说尽。李煜看出了这个缺点，改掉了，并且他以"春水"说愁也是超越。江中"春水"是越积越多，越积越深，越往前流越呈浩荡之势。

里；臣里之美者，莫若臣东家之子。……然此女登墙窥臣三年，至今未许也。"女诗人化用典故，表现了封建时代女子难能可贵的追求自由幸福的人性觉醒和人格勇气。而"王昌"其人今日已不可确考，大约是唐代知名的薄幸男子的典型，因为在崔颢、王维、李商隐、韩偓、唐彦谦等人的诗中，曾屡次提到他的大名或恶名。如李商隐《代应》诗说："谁与王昌报消息，尽知三十六鸳鸯。"在《楚宫》诗中又说："王昌且在墙东住，未必金堂得免嫌。"如同一处风景名胜中最出色的景观，一阕交响曲中的华彩乐段，一家珠宝店里最名贵的珍奇，这首诗的颈联"易求无价宝，难得有心郎"，成了后人代代相传的警句，甚至是许多人不一定知道出处的俗谚口碑。

古今爱情的悲剧之源或许就在真正的"有心郎"比"无价宝"稀少，"薄幸郎"却所在皆是。

　　鱼玄机手中所握的，是一支秀中有豪的诗笔。她是一位遭逢不幸而且沦落风尘的女诗人，其作品的主调当然是幽婉而哀伤，但她有时也有不甘屈服与沦落的阳刚之气。如"吴越相谋计策多，浣纱神女已相和。一双笑靥才回面，十万精兵尽倒戈。范蠡功成身隐遁，伍胥谏死国消磨。只今诸暨长江畔，空有青山号苎罗"（《浣纱庙》），如"何事能销旅馆愁，红笺开处见银钩。蓬山雨洒千峰小，嶰谷风吹万叶秋"（《和友人次韵》），如"大江横抱武昌斜，鹦鹉洲前户万家"（《江行》），如"诗咏东西千嶂乱，马随南北一泉流"（《左名场自泽州至京使人传语》）。尤其是《游崇真观南楼睹新及第题名处》一诗：

　　　　云峰满目放春晴，历历银钩指下生。
　　　　自恨罗衣掩诗句，举头空羡榜中名。

当年秦始皇南巡,项羽和刘邦见到帝王的赫赫威仪,一个说"彼可取而代也",一个说"大丈夫当如此也",喷薄的都是草莽英雄的雄概豪情。鱼玄机当然并不想效法武则天,但她却恨不能在诗歌与功名方面压倒须眉,至少要和他们一较短长。在男权至上的封建时代,她的这一声自怨自艾,虽是发自弱女子吹气如兰的胸臆,却宛如夜天的一记惊雷。

才高志远的鱼玄机,只活了匆匆的28岁,如一支名贵而早折的短笛,如果天假以年,不知笛孔里还会吹出多少才情并茂的诗句!

诗坛鱼玄机是《红楼梦》中的晴雯。

九

狄更斯是19世纪英国批判现实主义大作家,他在小说《双城记》的开始,对他所处的时代作了精彩的有名的概括:"这是最好的时代,这是最坏的时代;这是智慧的时代,这是愚蠢的时代……"借用狄更斯的名言,我也可以如此描述李白和杜牧他们所处的时代:这是封建社会的黄金时代,这是封建社会的黑暗时代;这是人文鼎盛的时代,这是武功赫奕的时代;这是诗酒风流的时代,这是干戈杀伐的时代;这是许多男人自觉或被迫从戎的时代,这是许多女人成为怨妇与寡妇的时代……

"府兵制"实行于唐代初年,21岁至60岁的男子,按规定时间自备给养和装备,到京城或边境去守卫或作战。这一制度后来为自愿从军的"募兵制"所代替。"贞观"与"开元"时期,为了巩固边防,也为了开边拓土,唐太宗讨伐高丽,武则天进攻突厥、生羌,唐

玄宗攻伐南诏，盛唐的雄风吹老了多少旷夫怨妇。安史乱中，全国人口大减，民生涂炭，安史乱后更是内忧外患，国境线上与突厥、吐蕃、回纥不断刀兵相见，而境内的军阀也不时举起割地称王的反叛旗帜，在劲吹的西风之中。战争，当然有正义与非正义之别，有防御性与侵略性之分，但它们给黎民百姓造成的痛苦本身，却没有本质的区别，尤其是不仅要担负相思之苦，而且还要承担家务甚至徭役的妇女，她们的苦痛比男子更为深重。于是，在这样一块苦难的土地上，就开放了许多可以名之为"征妇诗"的苦难之花。

唐代的征妇诗，大都出自男性诗人之手。"闺中少妇不曾愁，春日凝妆上翠楼。忽见陌头杨柳色，悔教夫婿觅封侯"，王昌龄的《闺怨》家传户诵，不知灼痛过多少思妇的芳心和嘴唇；"誓扫匈奴不顾身，五千貂锦丧胡尘。可怜无定河边骨，犹是春闺梦里人"，陈陶的《陇西行》写得更为悲壮和沉重。在他的诗里，王昌龄诗中少妇尚存的相思和希望，早已化为一缕绝望的云烟、一堆不可复燃的灰烬。然而，唐代毕竟是一个诗风鼎盛的时代，一部《全唐诗》，也为我们收录了一些女性所作的征妇诗，有的水平不让须眉，她们有男子不可能有的切身体验，男性诗人写来毕竟未免隔岸观火，而她们自己的身心就处在水深火热之中。如陈玉兰的《寄夫》：

夫戍边关妾在吴，西风吹妾妾忧夫。
一行书信千行泪，寒到君边衣到无？

陈玉兰生卒年、籍贯均不详，《全唐诗》说她是

"吴人王驾妻"，在她的名下收此诗一首。有人以为
此诗是王驾所作，那么此王驾并非"吴人王驾"，而应
是河中（今山西永济）的诗人王驾，但时隔千年，有谁
拿得出铁证呢？我们宁可信其是出自女人之手吧，
因西风而想到边地奇寒，因奇寒而想到远寄寒衣，由
寒衣而想到要寄达在气候变寒之前，反复回环，情深
一往，特具女性的细腻、体贴和深切，不知当代的女
读者和女作家读后的感受如何？又如葛鸦儿的《怀
良人》：

> 蓬鬓荆钗世所稀，布裙犹是嫁时衣。
> 胡麻好种无人种，正是归时底不归？

　　作者大约生活在中唐时代，《全唐诗》存诗三首，
其他均已湮没无闻，这是封建时代女性作者的普遍命
运。如果说王昌龄《闺怨》诗中写的是一位贵妇，春
日"凝妆"而且上的是"翠楼"，她的"不知愁"除了
年轻不谙世事与别离之苦，大概因为生活早已达到或
超过了"小康"水平。而葛鸦儿写的或自况的，却是
一个布衣荆钗的劳动妇女。"胡麻"，据说要夫妇同种
方可获得丰收，以农家之语入诗，切合诗的抒情主人
公的身份与形象，也可看到战争与离别给广大民间妇
女带来的悲剧命运。
　　然而，无论是陈玉兰或是葛鸦儿，希望之火还没
有在她们的心头完全熄灭。从上述两首诗的结句，可
见她们的丈夫还在或可能还在，正是所谓"希望在人
间"。而裴羽仙所作的《哭夫》二首呢，我们听到的就
只是她绝望的呼天抢地了：

风卷平沙日欲曛，狼烟遥认犬羊群。

李陵一战无归日，望断胡天哭塞云。

良人平昔逐蕃浑，力战轻行出塞门。

从此不归成万古，空留贱妾怨黄昏！

此诗最早收于韦縠所编的《才调集》，题作《边将
二首》，下有注云："其夫征匈奴，轻行入，为和鹿生擒
帐下，自尔一往，音信断绝。"韦縠是晚唐人，和裴羽
仙时代相近，所记当颇为可靠。"力战轻行"，可见他
是一位年轻勇敢的战士，但被俘之后就音讯断绝，存
亡莫卜，他拍马挺戈绝尘而去的背影之后，留下的就
是他妻子肝肠寸断的两首诗篇。

有一句名言说："战争让女人走开。"是的，除了
花木兰那种古代的巾帼英雄，除了现代战场上的那些
白衣护士，女人一般是不会修我戈矛，与子同仇的，但
是，一旦有了战争，古往今来的女人谁能置身于战争
之外呢？

✝

<u>唐代是一个诗的时代。诗是教养的标志，身份的
象征，仕进的阶梯，乃至于人与人之间交往的介绍信
与通行证。</u>唐代的禁苑深宫，虽然是囚禁美丽与青春
的处所，然而也仍有诗花开放。

如果邀请宫廷女诗人开一个"宫廷诗研讨会"，
以地位之尊，可能要由武则天出面来筹备与主持，接
到邀请函的会有上官婉儿、徐惠、宋若昭三姐妹、鲍君

徽，梅妃，杨贵妃等人。如果主持人已有现代观念，当然应该包括地位卑微但有诗流传至今的宫人。<u>不过，在众多的与会者之中，对"花蕊夫人"的邀请柬是不应该忘记发出的，虽然时代已晚，而且路途遥遥。</u>

五代号为"花蕊夫人"的共有三人。前蜀主王建淑妃徐氏，南唐后主李煜之妃，再就是后蜀主孟昶的妃子。孟昶这位妃子一说姓费，一说姓徐，是百家姓中的哪一姓有什么重要的呢，"花蕊夫人"这一名姓就够美丽的了，它是美貌夫人的特称，因花尚不足以当其美色，故孟昶也称她为"花蕊夫人"。这位美慧多才的女子，对唐代诗歌的突出贡献，就是《全唐诗》中所收的158篇宫词。宫词是以宫廷生活为题材的诗歌。唐代的宫词除了一部分出于宫人之手，大部分都是宫外男诗人的虚拟，例如王建有著名的《宫词百首》，但他不可能有内宫生活的体验，而是从他一个同宗的远房亲戚宦官王守澄处道听途说，用今天的说法就是未能"深入生活"，占有的只是第二手材料，故仍不免有隔靴搔痒之嫌，虽然召开研讨会时，他应该作为"特邀来宾"受到邀请。而花蕊夫人则生活在"基层"与"底层"，她的系列宫词，出自她的实地体验与蕙质兰心，记录了宫廷生活的形形色色，方方面面，不愧是宫廷生活的博物志，从中可以看到帝王的骄奢淫逸，践踏女性的妃嫔制度的罪恶。

花蕊夫人的诗作，以长篇组诗《宫词》开始，却以《口占答宋太祖》（或题《述国亡诗》）的短曲告终：

君王城上竖降旗，妾在深宫那得知。
十四万人齐解甲，更无一个是男儿！

艺术是生活的呈现。没有生活的艺术不是真艺术。

亡国的深层原因是什么？十四万军队"无一个是男儿"！诗作直陈问题的核心。没有了血性，没有了意志，没有了精神，还是男儿吗？这里的"男儿"是一种象征，国家精神的象征。

花蕊夫人至汴京,宋太祖召而问之,她口占了上述这首诗,鲁迅在《女人未必多说谎》一文中,曾予以引用。在男尊女卑的社会,在以女人为祸水尤物的时代,"十四万人齐解甲,更无一个是男儿",花蕊夫人的这一声叹息和诘问,是漫漫长夜中一道耀眼的闪电,是令天下须眉低心俯首的一声雷鸣。

　　花蕊夫人后来据说被宋太祖赐死,花自飘零蕊自流,蜀地的绝世花蕊,被北国的罡风吹落摧残了,只有她的诗篇在宋代神宗熙宁年间发现之后,一直流传到今天。

单元链接

　　对中国古代女诗人有研究兴趣的同学,可参阅《20世纪中国学术文存·古代女诗人研究》(张宏生、张雁等编,湖北教育出版社)、《中国女性诗人:从古代至1911年的诗歌及批评选集》(美·孙康宜)两部著作。

　　明月之下的旅行应当是别具韵味的。如果是明月当空的夜晚,泛舟江水之上,则更会有一种浓浓的意蕴。倘若在这样的时候,还有大诗人相伴,那简直就是一种大幸福了。

　　在这次旅行中,我们将体验到这种幸福。张若虚、王维、李白、杜甫等大诗人将同我们一道,泛舟中流,岂不美哉!

月光奏鸣曲

"月出皎兮，佼人僚兮。舒窈纠兮，劳心悄兮"，中国诗歌中的一勾新月，从《诗经·陈风·月出》篇中冉冉升起，向远古的山川洒落最早的清辉，然后弯过汉魏六朝的城郭，照耀中古时代许多诗人卷帷仰望的幻梦，时至唐代，月明星稀，它终于圆满在苍茫的天庭之上，辉耀在诗人的瞳仁之中，流光溢彩在从初唐到晚唐的许许多多诗篇里。如果翻开卷帙浩繁的《全唐诗》，你可以看到唐诗人举行过规模盛大的月光晚会，大大小小的诗人都曾登台吟诵他们的明月之诗。那场晚会永远不会闭幕。听众而兼观众的我也永远不会退场。在熙熙攘攘的红尘，营营扰扰的俗世，我珍藏在心中的，是永远也不会熄灭的唐诗中的月光。

窈纠，缓步的样子。悄，忧也。诗句是说，明亮的月光下那位美女在款款漫步，想起她使人心忧。《诗经》中有许多歌唱爱情的诗篇，都很动人，值得一读。

春 江 花 月

我喜欢倾听中国的古典名曲。此刻，当我写下"春江花月"这个标题，民族管弦乐曲《春江花月夜》的诸多乐器的独奏与齐鸣，便在我心中响起，乐声宛如一座长桥，把我引渡到遥远的从前。

从前，遥远的六朝。不知名的民间歌手在哪一回良辰美景中心血来潮，创作了题为"春江花月夜"的乐府民歌？人生天地之间，无论物质需求和精神生

活，都离不开社会群体的创造和他人的襄助，除了冥顽不灵者和以怨报德之徒不知感恩，我们要感谢的人与事实在太多了。我感激唐代诗人张若虚，这位扬州人虽然与贺知章、张旭、包融齐名，称为"吴中四子"，但两《唐书》对他未设专传，其生卒年与事迹今日也已经无考。在他的名下，《全唐诗》仅存诗二首，一首是平平之作的五言排律《代答闺梦还》，一首竟然是那篇永恒的有如奇迹的《春江花月夜》！应该致以谢忱的还有宋人郭茂倩。钟嵘评价鲍照时曾喟然长叹："嗟其才秀人微，故取湮当代。"人微言也轻，一些作者因地位低微或名声不著，其优秀作品也往往随之埋没，这可谓古今皆然，因为世人常常势利媚俗且有从众心理。张若虚功名不显，其作品生时就未能编集成书。今存唐人选唐诗10种，依其年代，芮挺章《国秀集》可以选其诗却未选，宋代许多与诗有关的著名文献，如《唐百家诗选》《唐诗纪事》等书，也均未收录张若虚其人其诗。幸亏郭茂倩编辑《乐府诗集》时，收有清商曲辞吴声歌曲《春江花月夜》5家7篇，张作因为也是"乐府"，故而被收录其中。富豪痛心的是钱财损失，政客锥心的是禄位成空，书生伤心的是杰作不传。如果郭茂倩还可以收到，我们真应该用洒金红笺向他好好写一封感谢信，并且以限时特快专递送达。如果没有他的收录之功，我们今日失掉的将是一块精神的连城之璧！

张若虚的《春江花月夜》，曾伴随我人生的花信年华。湘江在我所居住的城市长沙的城边流过，江中有一座长岛，人称水陆洲或橘子洲。那时，还没有凌空飞渡的大桥，过江的人靠的是渡轮或小舟。很少污染的江水，唱的是自古相传的碧蓝的谣曲，幽静少人的橘子洲还像童话中的一幅插图。我们常常在春天的黄昏渡江登岛，在江边的一伞树荫下等待月上柳梢头。春江浩荡，当万古如斯的一轮月华从江中涌出，江干白沙如雪，长洲花林似雾，我年轻的心中如痴如醉的是张若虚之诗句：

> 春江潮水连海平，海上明月共潮生。
> 滟滟随波千万里，何处春江无月明？
> 江流宛转绕芳甸，月照花林皆似霰，
> 空里流霜不觉飞，汀上白沙看不见。
> 江天一色无纤尘，皎皎空中孤月轮。
> 江畔何人初见月，江月何年初照人？
> 人生代代无穷已，江月年年只相似。
> 不知江月待何人，但见长江送流水……

　　千年前张若虚描写的，是他故乡扬州的春江，还是江南哪一处风光绮丽的地方？这只有请他才能解答了，但我当时只觉得他写的就是我眼之所见、身之所历。那时少年不识愁滋味，更何况人生初恋，只觉得他的诗句美妙绝伦，也顾不得去想他"江畔何人初见月，江月何年初照人"的有疑而问，只希望柳梢明月永远照耀着现在的我们，就于愿已足了。

　　似水流年。数十年后再来读张若虚的《春江花月夜》，当然已有较深层次的理解。这首诗与陈子昂的《登幽州台歌》，是初唐诗坛的双璧。同是感悟人生，咏叹哲理，回眸历史，叩问宇宙，前者的意象中心是碧海青天的明月，后者的中心意象是抒情主人公

　　李白在《把酒问月》中有"今人不见古时月，今月曾经照古人。古人今人若流水，共看明月皆如此"几句。我们无从考证李诗与张诗的关系。是否可推想：至此时，诗人对宇宙人生的叩问已成普遍现象，张李二人都是在借永不磨灭的明月映照永不枯竭的江水这一意象探索宇宙人生之谜？但从个人感受看，张诗在问答中更显张力。

作者自己，而前者出之以清新幽远的意境，后者则发而为慨当以慷的悲歌，标示了唐诗对诗美与风骨双重追求的创作走向。不过，陈子昂的诗当时即已名满天下，张若虚的诗却明珠暗投了好几百年，一直到明代才逐渐为人所识。但是，如果张若虚知道闻一多曾盛赞"这是诗中的诗，顶峰上的顶峰"，他也该诗逢知己而欣然一笑吧？

陈诗为何当时就能名满天下，张诗为何几百年间遭遇被湮埋的不幸？这是值得探究的文化现象。

数十年过去了，湘江早已没有过去的清且涟漪，橘子洲也已屋宇拥挤、人烟稠密，江边的那株柳树虽在却也已不再飞绵，我和少年的恋人如今也年华已老，但我心中的张若虚的《春江花月夜》呵，却永远永远年轻。

边 塞 月

唐诗如同浩浩荡荡的长江大河，其中的边塞诗波涛汹涌，浪花千叠。边塞多雄关险隘，而高空的明月是关山的背景，征人的乡愁，历史的见证。因此，许多边塞诗被那一轮明月照亮，就绝非偶然了。

"走马西来欲到天，辞家见月两回圆。今夜不知何处宿，平沙万里绝人烟"，岑参出使西域，两三个月尚未到达目的地，如今他只消坐上波音747，一鸟冲天，不是朝发夕至而是即发即至。不过，那样一来，这首题为《碛中作》的好诗，也就会在天上烟消云散了。"回乐峰前沙似雪，受降城外月如霜。不知何处吹芦笛，一夜征人尽望乡"，这是李益的《夜上受降城闻笛》，诉之于听觉的笛声固然动人情肠，如霜的月色可能更撩人愁思，如果只有笛声而无月色，恐怕还不足以使征人们那天晚上一夜不眠吧！王昌龄在《从军

"一夜征人尽望乡"是将细节放大，使其上升为一种普遍现象。这就是艺术真实。

怅望千秋

上海著名中学师生推荐书系

150

行》中歌吟："琵琶起舞换新声，总是关山旧别情。撩乱边愁听不尽，高高秋月照长城。"秋天是草木摇落而倍加怀人的季节，何况是边塞的秋天，更何况是边城的秋月！时隔千载之后，我于一个早秋之日从北京远去青海，<u>在西部边陲的月夜，我竟然和唐代边塞诗中的明月撞个满怀。至今回忆往事，仍可拾起几片粼粼的月光。</u>

60年代伊始，我毕业于北京一所高等学府的中文系。因为当时只管埋头读书而不顾抬头看路，心知我们这些"只专不红"的人只会被远放边疆，而绝不可能留在北京，加之那一代青年大都单纯热情，所以我也满怀建设边疆的豪情壮志，三个志愿分别填写了青海、内蒙古与西藏。虽然平日高喊革命口号而实权在握的同学，许多都分在了首善之区的京城，令我心怀羡慕也心存疑惑，但我胸中汹涌的，却仍是李白的"大丈夫必有四方之志"的浪漫豪情。那时，饥荒已遍扫神州大地，生活在"世界革命的中心"的我们却茫然无知，只知"形势一派大好"。临行前，一位年长的同学悄悄告诉我，西北地区尤其贫困，道路不宁，饥民遍野。他说时面色神秘而紧张，再三叮嘱我不得外传。我其时虽已弱冠，但仍然少不更事，初闻之下，还怀疑耳朵错听了童话或者神话。

车轮西行，日轮也西行，列车终于和夕阳一起抵达青海的省会。一路上见闻已经不少，而西宁呢，远比我想象中的还要落后与荒凉。一条贯穿全城的主要马路很少行人，其他街巷古朴简陋，就如时间一样年深月久，而不知筑于何朝何代的泥土城墙，仍固守在肃杀的秋风中和遥远的鼓鼙声里，不肯让位于现代文明。我

们一行数十人被安顿在湟水河边的招待所，便开始了在青海最初的而远非最后的晚餐。在北京，我们是天之骄子的大学生，尚不太清楚饥饿为何物，而现在款待我们肠胃的，只有三枚越看越瘦的馒头和一小碟其色深黑其味苦咸的干野菜，用任何化学手段作定性与定量分析，也查不出一个油星。晚餐后，同学少年似乎是患了集体失语症，在那摆放着双层床可住数十人的大房间内，一个个爬上床去早早安眠或无眠。

然而，应该都是眠而不安吧！<u>秋夜边地的天空碧蓝如海，不染纤尘，我在唐诗中见过不知多少回的那轮边塞明月，正攀过远处的山峰而升上中天，把清霜洒遍边城，也洒满我一床。</u>辗转反侧，我不禁想起唐诗人吕温，和刘禹锡、柳宗元声气相通的他，贞元二十年出使吐蕃，在青海被拘留经年。他的诗多次写到青海，《经河源军汉村作》说"行行忽到旧河源，城外千家作汉村"，在《读句践传》中，他又说"丈夫可杀不可羞，如何送我海西头"，而《吐蕃别馆月夜》，写的似乎就是我斯时斯地亲历的情境：

三五穷荒月，还应照北堂。

回身向暗卧，不忍见圆光。

"三五"是农历十五，月亮最圆之时。吕温想的是绝域穷荒的明月也应该会照临家乡慈母的居处，他转背侧身而卧，不忍再面对那撩人愁思的月光。心中默诵吕温的诗，我真想问问他：你当时羁留的"别馆"的所在地，是否就是我今夜暂住的招待所呢？

虽然远离家乡和亲人，初来乍到那陌生而艰苦的

"北堂"，古时大户人家主妇卧室。后借指"母亲"。吕温在那样的穷绝之境，心中所想的是慈母。孝心可感、可歌、可泣。古人写边塞月多有思乡之情，但如吕温这等思母却不多见。

不毛之地——君不见之"海西头"，但我心中奔流的，毕竟是不易冷却的年轻的热血。深宵不寐，我想得更多的是豪气干云的李白，那一轮明月当晚从他的《关山月》中奔逸而出，如一面银锣，敲响在万山之上蓝天之上和我的心上：

> 明月出天山，苍茫云海间。
> 长风几万里，吹度玉门关。
> 汉下白登道，胡窥青海湾。
> 由来征战地，不见有人还！
> 戍客望边色，思归多苦颜。
> 高楼当此夜，叹息未应闲！

明月由几万里之遥的"长风"吹至天山的苍茫云海间。这是只有李白才具有的大想象。

李白常在"大"与"小"的起落对照中荡出令人叫绝的诗句。《关山月》前半部分豪气干云，后半部分儿女情长。对照中令人动颜，令人心慌。

在青海的日子，可谓饥寒交迫，长日如年。但人生不能只有月夕花朝的柔情，也要有铁马金戈的壮志，不能只有舞池灯畔的轻歌曼舞，更要有寒天冻地之中的抗雪凌霜。青海馈我以不是许多人都有的人生经历，赠我以不向命运屈服的坚强意志，即使这些都没有，仅仅只是和吕温与李白的边塞明月千年后实地相逢，我也感到很满足和富足了。

以生命的温度去感受千年前明月的温度，去体悟吕李的诗意，怎能不刻骨铭心？

"斯世所不易有的月光的清幽，苍茫的天空的值得神往的美和无限，山川的依稀而静默，平和的面影，悠悠的标号，哪一种不是和现世的好对比？"（日·高山樗牛《月夜的美感》）从这个角度看，人们咏月似乎又是感叹人生的种种不幸了。

山　月

古人认为日为太阳，月为太阴，但在中国古典诗文中，歌咏明月的作品的数量，却远远超过抒写太阳之作。在古谣谚中，对太阳甚至还有"时日曷丧，予及汝偕亡"的诅咒之言。苏东坡自道平生赏心乐事有十六种，没有一种及于太阳，但其中之一却是"月

下东邻吹箫"。这是否因为世上劳劳碌碌不胜其苦的众生，更需要柔性的月亮的照耀和抚慰呢？

在形态情境各异的月亮中，"山月"是最逗人怜爱和引人遐想的一种了。也是苏东坡，他在《赤壁赋》中就曾赞美道："惟江上之清风与山间之明月，耳得之而为声，目遇之而成色。取之无禁，用之不竭。"我的前半生，和唐诗中的山月不知相聚过多少回，与大自然中的山月也有过多次邂逅，而其中的两次尤其令人难忘。

70年代之末，如今名满天下的湘西张家界，其时还寂然无名，且不说外省人茫无所知，连近在长沙的我，也只听到一点美丽的风声。在一个初秋之日的黄昏，我们驰驱一日之后终于到达山下，来不及安顿行囊，我便奔出那时唯一的简陋的招待所，到室外朝拜山神。那些奇崛峭拔、见所未见的山峰山影，崇得我目不转睛，美得我心旌摇摇，直到它们渐渐融化在苍茫的暮色和苍老的夜色里。

忽然，暗蓝的天空幻为银灰，躲在山背后的一轮圆月，连招呼也不打一个，仿佛存心要抛给我们一个惊喜，便从山尖上涌了出来，有如一位风华绝代的美人登场，明光四照，仪态万方。这时，不仅我们望得目瞪口呆，那些山的臣民——早已归巢休整的鸟雀，也此鸣彼畴地欢呼起来，和山脚铿铿锵锵的金鞭溪，合奏一支秋宵的深山小夜曲。如斯情境，使我蓦然想起了王维的《鸟鸣涧》：

> 人闲桂花落，夜静春山空。
> 月出惊山鸟，时鸣春涧中。

将诗境落实，依然有空灵之感。足见这"实"之空了。在这等"实"境中，只有王维可赋诗，别人只有虚心谛听的份了。

王维是盛唐的一代诗宗。他的游侠诗、边塞诗、山水田园诗和写相思离别的抒情诗，都有千古传唱的上选之作，可谓四面生风。即使没有其他方面的成就，仅仅现存的约百首山水田园诗，他也仍然可称一代名家。他的此类诗作，突出地表现了大自然的美，构成了一种远离尘嚣与世俗的"静境"与"净境"，丰富了诗的魅力，扩展了诗的天地。王维籍贯山西，一直生活在北方，到过汉水，但似乎没有到过江南。上述这首诗，大约是他晚年居于辋川别墅时的作品。在难忘的张家界秋夜，我想王维如果能来此欣赏那一轮南方的山月，不知他会写出什么新的不朽的篇章。

初游张家界，我由实景而诗境，领略了王维诗中的山月之美，在夏夜的湘西南木瓜山上，我有幸和他的山月再度相逢，并作人天之间的交流与对话。

那是有一年的八月酷夏，何草不黄？远避祝融蒸沙烁石的炎威，暂别终日纷纷扰扰六根都不得清净的红尘，我远遁湘西南的一座深山。山名木瓜，林木翁郁，山脚有溪流如小家碧玉，山中有水库似大家子弟。我和游侣于其间悠哉游哉，不亦乐乎。当月出东山、湖面银光似雪之时，我们曾坐在林中纳凉赏月。《二泉映月》的如怨如诉的溪水，从同伴手中的两根琴弦下流泻出来，在四周松竹的清香里荡向远方。奏者如迷，听者如醉，我心中的俗念、身上的红尘，被音乐的流水一时洗尽，山下的车水马龙、熙熙攘攘、酒绿灯红、你争我斗已恍如隔世。<u>此时，山中寂寂无人，唯有清泉鸣于石上，松风游于林间，高天的明月像一个从不生锈的银盘，从树隙间筛下叮当作响的碎银，而不请自来的，却是王维的《竹里馆》：</u>

两境皆妙，两境皆新。写这样的诗意，古今诗人中没有出王维之右者。

爱李白之月，是人的英气、豪气；爱杜甫之月，是人的真心、真情；爱王维之月，是人的清境、雅境。三者都不易得，三者都令人钦美。李白在天上，是为诗仙；杜甫在人间，是为诗圣；王维在净界，是为诗佛。

独坐幽篁里,弹琴复长啸。

深林人不知,明月来相照。

"俱怀逸兴壮思飞,欲上青天揽明月",李白的月轻灵飘逸,属于意气飞扬的青年。"何时倚虚幌,双照泪痕干",杜甫的月含愁带苦,属于饱经忧患的中年。心已皈依佛门的王维的月呢?清空淡远,静而且净,属于凡心已净、心地空明的"忘年"。在张家界和木瓜山的秋夜,幸何如之,我曾和王维的山月做了"忘年之交"。

故 乡 月

无论古今,在中国诗人中,写月写得最多而又最好的,还是要首推大诗人李白。如果中国诗歌要设立一个"明月奖",那么,摘取那青青月桂的,除了李白,还有谁能和他一较高低?

李白流传至今的诗约有千首,与月有关的将近400篇,也就是说,月光照亮了他差不多40%的作品。"小时不识月,呼作白玉盘。又疑瑶台镜,飞在青云端",他幼小时就是一位铁杆"月迷",除了"白玉盘""瑶台镜"这些最早的比喻之外,如"天镜""圆光"之类对月的不同称呼,他的诗中大约有500种之多。而随季节时令、地理环境和生活际遇的不同,他诗中的月亮更是多彩多姿,汇成了一个素而且美的月世界。没有太阳,李白的诗尚不至黯然无光,但没有月亮,李白的诗一定顿然失色,难怪前人要赞美李白

李诗因月亮而增辉,月亮因李诗而有魂。有人作过准确的统计,李白诗1 166首,"月"出现523次。李白作品中,"秋月""闰月""故乡月"是三种最有韵味的意象。

"明月肺肠"，又有人称他"明月魄，玻璃魂"了。

中国幅员广大而又地域分明，加之千百年来"安土重迁"的传统观念，所以乡愁或怀乡，就成了我国传统诗歌一个历久常新的永恒的主题。时至今日，这一主题仍有其生命力和艺术表现的宽广领域。在诸多的怀乡之篇中，故乡和月亮又结下了不解之缘。"游子离魂陇上花，风飘浪卷绕天涯。一年十二度圆月，十一回圆不在家"，这是唐代诗人李洞的《客亭对月》，他见到客中的月亮而怀念故乡；"老住香山初到夜，秋逢白月正圆时。从今便是家山月，试问清光知不知"，这是白居易的《初入香山院对月》，白居易籍贯山西，他将洛阳香山的月亮视为家乡的月亮，是对新居地的赞美，也是一种曲线怀乡。杜甫就说得更直接了，在《月圆》一诗中他咏叹"故园松桂发，万里共清辉"，而战乱中怀念兄弟手足，《月夜忆舍弟》中的诗句"露从今夜白，月是故乡明"，就更是一往情深，千百年来，是患了怀乡病的人暂时止痛的良药。然而，怀乡病患者用得最多而见效最快的，该是李白的《静夜思》那一帖了，而更想不到的是，古典的诗句可以疗救现代的乡愁。

乡愁，是一种地理和历史，一种特殊的时间与空间，也是对生长之地的山川与人事的回想和悬想。我的故乡在长沙，犹记青少年时在北京上大学，每当月明之夜，就常常不免想起李白的诗。不过，少年时生命如日之方升，因而怀乡病并不严重，是所谓"轻愁浅恨"。待到毕业后远去青海，山遥水远，地冻天寒，举目无亲，饥肠辘辘，每逢节庆假日，更显形单影只而倍感寂寞凄凉，那时，李白的诗句和月光，便常常如不

杜甫也是写月的高手，不妨作一番研究，试着给杜甫之月分类。

《静夜思》可谓最伟大的思乡曲——瞬间的直觉进入精神深处，将游子的思乡之情化为明亮的霜月之光，永远映照在游子那颗敏感的心上。这20个汉字的世界，呈现的是人们俯仰之间永不可排遣的流浪感。只要人在路上，这20个汉字就不会隐去。这就是永恒。

速之客来推开我的心扉与窗扉。及至后来回到长沙，怀乡病也就不药而愈，虽然仍旧不时读到李白的《静夜思》，但却如同对旧情已了的恋人，虽然也难免回首前尘，但已经没有更多的感情上的联系。

不料，最近我竟然一度患了严重的乡愁，并只得常常请李白的诗来疗治。那是去年秋日，云无心以出岫，我去国离乡，乘庄子的大鹏，不，现代的波音747，飞越太平洋去美利坚大陆探亲。父母和两位妹妹居于旧金山市，儿子和儿媳工作于阿肯色州，高堂在侍，手足在旁，儿孙在下，出有车，食有鱼，入眼的有异国风光，照理说我应该乐不思蜀了，然而，我却莫名其妙地罹上了怀乡之病。记得给台湾的诗人朋友痖弦去信时，我曾这样写道："旧金山气候奇佳，日日风和日丽，夜夜月白风清，但晚上看到月亮，似乎觉得陌生，仿佛已不是李白的那一轮了。对门人家种了许多芭蕉，蕉叶迎风，但吹拂的却是美利坚的风，也不见怀素前来挥毫题字。金门大桥不愧为世界奇观，但不知何故，我总是想起故国的'小桥流水人家'，想起唐人'二十四桥明月夜，玉人何处教吹箫'的诗句。"籍贯河南的痖弦回信说他很有同感，并说在台湾就怀念大陆，在外国就怀念台湾，大陆是第一故乡是结发的妻子，台湾是第二故乡是漂泊者再恋的情人，以后准备移居加拿大，那就会如一朵飞扬在空中的蒲公英了。

我只是一朵临时的蒲公英。旧金山少见杨柳，更无桂花，犹记中秋之夜，是那高挺的棕榈树挑起一轮明月。我虽然和亲人欢聚一堂，品尝唐人街买来的各色月饼，但面对中秋明月，我仍然觉得举目有山河之异。美国普林斯顿大学讲座教授余英时先生，谈到刘再复

《西寻故乡》一书时说："他已改变了'故乡'的意义，对今天的再复来说，'故乡'已不再是地图上的一个固定点，而是生命的永恒之海，那可容纳自由情思的伟大家园。"这也许是自我放逐者的玄想哲思吧？其中自有他的我可以理解的心境与感受，然而，我还是不能把他乡认作故乡，故乡不仅是精神的，同时也是地理的。在中国，不论我置身何处，长沙是我的故乡，在世界，无论我走到哪里，中国是我的故乡。故乡啊故乡，我的故乡，在异国的中秋，在许多人视为乐土的彼岸，我心中洋溢的竟然是一坛古老的怀乡的酒：

> 床前明月光，疑是地上霜。
> 举头望明月，低头思故乡。

"月出峨眉照沧海，与人万里长相随"(《送蜀僧晏入中京》)，"仍怜故乡水，万里送行舟"(《渡荆门送别》)，李白24岁离开故乡四川以后，虽然浪迹天涯而再没有回去过，但他对故乡始终是心中藏之，无日忘之。我在旧金山的中秋月夜吟诵他的诗句，这位眷恋故土而性格豪放的诗人，如果有机会办好护照壮游美利坚大陆，他乡虽好，他还是会将《静夜思》龙蛇飞舞地题在五星级宾馆的墙壁上吧！

当今是一个科学昌明的时代，人类早已登上了月球。据说月球上大部分是奇岩峭壁，即使是平地也寸草不生，白天酷热，夜晚奇寒，没有水的踪迹，空气也无影无踪。何曾有吴刚与他砍伐的桂树？哪里有嫦娥和她居住的玉宇琼楼？科学家还语重心长地指出，

不必担心科学之美破坏文学之美。人类文化的承传，使今天的人们有了丰厚的文化底蕴，我们今天并没有因科技揭开了许多谜底而失去对神话甚至对童话的兴趣。这是因为神话、童话作为一种美好的幻想可永远带给人类心灵以安抚。谁可以没有心灵的安抚呢？

月亮与地球现在虽然相距约 384 000 千米，但它怀有叛逆之心，已有渐行渐远的发展趋势，如此行行复行行，终有一天会远走高飞，再也不和地球照面。欧美人对此也许还无所谓，因为他们向来恋日而不恋月，只热衷日光浴而不喜欢月光浴，希腊神话早就是以日神阿波罗为尊，爱神丘比特放箭都在白天，大约是免得影响视线与命中率，不像中国为有情男女定夺终身的，竟是一位专在月下安排红绳相牵的老人。中国人是爱月恋月的民族，还是不去了解月球的真相为好，只顾高咏低吟自己的明月之诗吧。如果真有那么一天，月亮向地球说一声"拜拜"，那也不要苏东坡去唱"明月几时有，把酒问青天"，论资排辈，青莲居士的《把酒问月》早就问过了："青天有月来几时？我今停杯一问之？"

■ 华夏之水　炎黄之血

序　曲

　　水,是生命之源;水,也是精神之泉。

　　早在两千多年前,中国的老子曾说最妙的就是水,它简直就是"道",孔子则反复咏叹"水哉,水哉",并赠我们以"逝者如斯夫,不舍昼夜"的警言,而管子在《水地篇》中更一言以蔽之:"水者何也? 万物之本原也,诸生之宗室也。"清清之源呵,汩汩之泉,养育了地球上的万千生灵,也引领了人类从蛮荒走向文明。

　　水有多长,诗就有多远;水有多媚,诗就有多美。"关关雎鸠,在河之洲。窈窕淑女,君子好逑",《周南·关雎》中那古老而青春的爱情故事,就诞生在碧水之湄并在河边洲上流传;"蒹葭苍苍,白露为霜。所谓伊人,在水一方",远古时对情人或美好境界的追求,都离不开水,以前流行的贺绿汀作词谱曲的《秋水伊人》,当今流行的台湾歌曲《在水一方》,仍然和那遥远的民歌一水相牵。采采流水,蓬蓬远春,水流过《楚辞》,穿过汉魏六朝乐府民歌和文人的诗章,至唐代而澎湃,成了中国诗歌的重要内容和主题。北国江南的江河湖泊,山涧溪流,西湖水,庐山瀑,浙江潮,纷纷奔流聚会飞珠溅玉在众多诗人的诗篇里,汇成了

对中国人而言,水是众妙之门,水是时间之歌,水是风情之态,水是民族与生命之史。细流涓涓、清泉汩汩、水波涟涟、湖光潋潋是优美,潮涨潮落、惊涛拍岸、激流汹涌、波涛澎湃、云水怒吼是壮美。

优美的水是美女的柔情,是明月的旋律,是清荷的舞姿,是初恋的歌唱;壮美的水是百万雄兵厮杀,是万钧雷霆突响,是气势磅礴的交响乐。

水与诗的洋洋大观。

一千多年时光随风而逝。那些咏水的优秀唐诗，字字句句溢彩流光犹如昨日，但所咏之水已经有了许多变化，有的已然江山不可复识了，有的则令人望而生畏生痛，思之则心热心寒——

长 江 长

遥远的东方有一条江

它的名字就叫长江

——侯德健：《龙的传人》

一提到中国的水，首先奔来眼底与心头的，就是万里长江呵，浩浩荡荡的长江！

古人为水流取名为"江"时，其意有三。一解为"公"，即此为"公共"的流域，众水来归；一释为"贡"，沿江所产，可以供给众生日常之需；一义为"大"，这是它的主要意义，也就是说，够得上"大川"这个级别的，才能美其名曰"江"。长江，无疑是大川中的大川了，它上起唐古拉山脉东段正源当曲，下至江苏上海入海的吴淞口，全长6 300多千米，干流流经10个省市，支流则分布8个省市，流域面积广达180万平方千米，约占我国领土面积的1/5。长江，在中国繁盛的江河家族中排行第一，也为亚洲之最，是中国人的"母亲河"。长江的长度与水量虽次于南美洲亚马孙河与非洲尼罗河，但综合资源、地理、气候等条件，则堪称"世界河流之王"。如同选美，有的美人秋波特别明媚，有的美人身材分外迷人，有的美人气质十分出众,但可能多为单一之美,而有的美人则天姿国色,无一不佳,长江曾经就是这样遗世而独立的绝代佳人。

中国的诗人,是谁最早写到长江呢?《诗经》是北方的乐章,"汉之广矣,不可泳思;江之永矣,不可方思",《国风·周南·汉广》是中国诗歌史上最早咏唱南方河流的作品,但所咏的汉江虽然与长江呼吸可闻,但毕竟是长江的支流。长江最初在屈原的诗行中浩荡,浪花拍湿过汉魏六朝和唐宋元明清的无数诗章,古往今来,我们民族的诗歌始终与长江同在。多次咏叹过长江的台湾诗人余光中,在《戏李白》的"附记"中写道:"我认为诗赞黄河,太白独步千古;词美长江,东坡凌驾前人。因此未遑安置屈原和杜甫,就径尊李白为河伯,僭举苏轼作江神。"他说得有理。不过,如果不论"词"而只说"诗",苏轼的"江神"之位恐怕还有问题,说不定还会让身为"河伯"的李白来兼任。

于酒于月于黄河,李白都写得多而且好,于长江何尝不是如此?今日已诸多污染、泥沙俱下、病症丛生的长江,在古代是一条没有泥沙更没有工业污染的河流,两岸是森林的家乡,猿猴的乐园,森林的覆盖率达85%以上,林木与水土结成的是如胶似漆、相依为命的美满姻缘,两岸啼不住的猿声,声声提供的是乐得其所的证词。长江在四川宜宾与岷江会合之后,就称为长江,但江流毕竟还不十分宽阔,初出三峡的年轻的李白,首先就被江汉平原上那一江浩荡镇住了。李白现存至今的诗作中,最早的写长江之句,应该是《渡荆门送别》中的"渡远荆门外,来从楚国游。山随平野尽,江入大荒流",这是以壮丽之笔写壮丽之

李白长于长江上游巴蜀,卒于长江下游当涂,隐于长江中游庐山,25岁仗剑去国后长期活动于长江中下游,歌咏长江的诗作丰赡而精彩,确可与苏轼一比高下。

景。长江在他笔下景象万千，而他着意描写的却是长江水波清澈，绿意盎然，在上引的诗句之后，他接着咏叹的，就是"月下飞天镜，云生结海楼。仍怜故乡水，万里送行舟"。倒映在江中的月亮，如同从天飞落的明镜，试想，如果江水混浊，像时下流行的深度的朦胧诗，怎可照映月轮光明如玉的倩影？而他仗剑去国，轻舟东下，最初赋予长江的色彩就是"碧"：

天门中断楚江开，碧水东流至此回。
两岸青山相对出，孤帆一片日边来。

——《望天门山》

"两岸青山"呵，"碧水东流"呵，过去的长江及其生态环境如何，李白早就以诗为子孙后代立此存照了。他一生傲岸不群，不善于虚文客套，初到金陵，怀念他所敬佩的南朝齐代诗人谢朓，写有《金陵城西楼月下吟》一诗，结句是"解道澄江净如练，令人长忆谢玄晖"。"解道"就是"懂得"，李白说他实地来游，才明白谢朓《晚登三山还望京邑》中"余霞散成绮，澄江净如练"的诗句之妙。谢朓说长江澄明洁净如一匹白绢，二百多年后李白所见的也仍然如此，不然，他就不可能领会并赞赏谢朓的诗句，在同一诗中，也不会写出"白云映水摇空城"，因为长江如果像现在这样差不多成了第二条黄河，白云与城楼怎么可以倒映水中，随波摇荡？

李白此次初游江南而西返江夏之后，曾送年长的友人孟浩然去广陵，他又·次赞美了长江的山水之碧：

李白时代，华夏的长江之水是"月下天镜""澄江如练""色绿且明"。读李白咏长江的诗，我们能真正地体味到"江山之助"4个字的意味。若李白生长在今天，他再有通天的诗才，恐怕也写不出这些清丽美妙的诗句。李白也写了不少歌咏黄河的诗句，但绝不像写长江这样亲切，更多的是一种壮美的抒写。这除却在心中长江是母亲河这个因素外，长江秀美的自然环境也当是一个重要因素。

故人西辞黄鹤楼，烟花三月下扬州。

孤帆远影碧空尽，唯见长江天际流。

——《黄鹤楼送孟浩然之广陵》

此处之"碧"，当然不仅是天上的碧空，也是指两岸的碧山（敦煌写本此句作"孤帆远映碧山尽"），更是指远去天边的浩荡的碧水。李白暮年流放夜郎，遇赦回到湖北江陵，于春天泛舟荆门，遥望四川境内的长江，写有《荆门浮舟望蜀江》一诗，他说水色与水势是"江色绿且明，茫茫与天平"，而水中陆地和两岸环境则是"芳洲却已转，碧树森森迎"。四百年后，南宋的陆游曾将"江色绿且明"与杜甫的"晓看红湿处，花重锦官城"相提并论，认为杜甫用"湿"字，李白用"明"字，"可谓夺化工之巧，世未有拈出者"。陆游在《入蜀记》中还说："与儿辈登堤观蜀江，乃知李太白《荆门望蜀江》诗'江色绿且明'，真善状物也。"既"绿"且"明"，当然是李白善于描摹，但也可见当时长江水色与水质之好，四百年后的陆游不都提供了证明吗？

长江有几千条大大小小的支流，后人将入海的长江、黄河、淮河、济水并称为中国的四大名渎，汉江只是长江的臣属。作为从武汉市入口去朝拜长江的汉江，是长江最大的支流，它也是清澈碧绿的，也有李白的诗为证。"昨夜东风入武阳，陌头杨柳黄金色。碧水浩浩云茫茫，美人不来空断肠"（《早春寄王汉阳》），"楚水清若空，遥将碧海通。人分千里外，兴在一杯中"（《江夏别宋之悌》），"遥看汉水鸭头绿，恰似葡萄初酦醅。此江若变作春酒，垒麹便筑糟丘台"（《襄阳歌》）。汉江水色，清冽可鉴，情人眼里出西施，

不仅仅是汉江。李白写长江沿线的山岳、平野、支流、湖泊，如巫山、庐山、九华山，如长江、汉水、湘水、宛溪、洞庭湖、鄱阳湖等，都有清丽明净的一面。

165

酒仙眼里呢，清莹碧绿的汉水，竟然像新酿就的绿色葡萄酒，如果一江汉水变作一江春酒，酒糟都可以堆成山丘，真是三句不离本行。三百多年后，苏东坡与友人登临江楼，远眺江汉，他的视力真好，也仍然说"江汉西来，高楼下，蒲萄深碧"（《满江红·寄鄂州朱使君寿昌》）。多才的苏轼这回不知是表现失常呢，还是觉得难以翻新，于是就轻车熟路，借用了李白现成的比喻，待到陆游写《入蜀江》，还是说"自鹦鹉洲以南为汉水，水色澄澈可鉴。太白云'楚水清若空'，盖言此也"。千年后，我颇费猜想也无从证实的是，既然汉江如酒，酒渴如狂放浪形骸的李白，当时不知在江边俯身品饮了没有？

吟诗作赋，毕竟属于高质量的"生活"，人首先的第一位的需要就是"生存"。生活中，众生常常以"母亲"作比为喻，其实，只有长江才是我们民族真正的母亲，但不孝也不肖的子孙是如何回报养育之恩的呢？除了竭泽而渔、围湖造田之外，就是短视而短命地无休无止地伐木丁丁，伐木丁丁！长江源地区草场退化，沙漠化加速，沱沱河水面已经混浊，长江上游原是我国仅次于东北的第二大林区，现在森林面积已大为减少，原来林木郁郁的云南省金沙江两岸，现在已寸草不生，而四川的岷江、嘉陵江两侧也多是童山濯濯。在元朝，四川全省的森林覆盖率还高达50%以上，解放初尚有20%，现在则已剧降到10%以下，有的县还不到1%，一省的水土流失面积，已超过了20世纪50年代长江流域水土流失面积的总和。过去清碧的没有泥沙的长江，输沙量已达黄河的1/3，相当于尼罗河、亚马孙河、密西西比河三条

在这样的自然背景下生活，人们更多地要与恶劣的环境斗争，怎可"诗意栖居"？相承几千年的长江文化，本当哺育出更多华妙的诗篇，但面对今天被污染得面目全非的长江，有哪位诗人还能歌咏其美丽呢！

世界大河的输沙总量,带入东海的泥沙每年达五亿吨,相当于500万亩土地被刮去5寸厚的表土。整个长江流域,水土流失面积已达56万平方公里,由于泥沙淤积,在过去5年中河床抬升了3米。从20世纪50年代以来,母亲河长江变色,由碧而黄,脾气也日渐暴戾,已不复往日的温和慈祥。月月年年的滥伐森林,围湖造田,使得她周身血脉不畅,七情不调,肝火上升。1998年夏季,她终于忍无可忍地暴怒了,用长达两个月的8次洪水,掀决堤防,冲毁田园,将全国大小报纸电视荧屏和12亿人的心打得透湿,给不肖与不孝的子孙们一个最严厉的警告。数百万军民"严防死守",上上下下痛定思痛,各级政府亡羊补牢的决定信誓旦旦,才使她的愤怒初步平息。

"尼禄"是古罗马弑母的暴君,当代中国人不能成为忘恩负义的不肖子孙,万年清澈的万里长江,不能断送在我们这一代人手里!我们只有将功补过,使两岸群山再绿,让万里江流重清,令大江两岸的万千湖泊各安其位,如果不想当代人遭受灭顶之灾,不愿后代人丧失生息之地,我们就不要让母亲河再一次暴发雷霆之怒吧!

黄 河 黄

我站在高山之巅,
望黄河滚滚,奔向东南。

——光未然:《黄河颂》

黄河是我们从先人那里继承的令人亦喜亦悲的

遗产。可喜者，是它曾经哺育过中华民族及其文明，光未然作词、冼星海作曲的《黄河大合唱》，就是张扬民族大义极具阳刚之美的黄河颂，可悲的呢？则可以引用旅美华人诗人非马的《黄河》为证："把／一个苦难／两个苦难／百十个苦难／亿万个苦难／一古脑儿倾入／这古老的河／让它浑浊／让它泛滥／使它在午夜与黎明间／枕面辽阔的版图上／改道又改道／改道又改道。"他写黄河的历史与苦难，笔力简劲而使人动魄惊心。我听《黄河大合唱》，如听在万山之上向朝阳而劲吹的号角，我读《黄河》，则如闻滔天洪水来时敲痛原野的警钟。

"黄河"，原来单称为"河"，因河水黄浊，到东汉时才名"黄河"。它是中国的第二大河流，青海巴颜喀拉山北麓噶达素齐老峰的雪水，是其最初的源头。从黄河源头，到渤海之滨的入海口，从雪山发源的晶莹透明的清泉，到沿途泥沙混杂的黄水，黄河如不速之客径行拜访了九个省区，横冲直撞一万余里。世上的河流大都于人类有益，而黄河至少给中国带来了五千年的灾难。古代将黄河改道称为"河徙"，从周朝到1938年，黄河大徙已经26次。五千年中，26次大决口，1 500次小决口。第一次决口在公元前602年，滔滔洪水漫漶浸透了春秋的史册。埃及尼罗河泛滥之后留下肥美的农田，黄泛之后则赤地千里，寸草不生。民间谚语说"黄河百害，唯富一套"，汉代司马迁在《史记·河渠书》中，落笔时心情格外沉重："河灾衍溢，害中国也尤甚。"长江患少而黄河患多，直至清代的魏源，也仍然不免心悸魄动却一字传神地说，黄河的水性"悍于江"。

然而，中华民族文明的主要发源地，既不是气候宜人的长江流域，也不是土地肥沃的珠江流域，却是黄河两岸。长江是中国人的母亲河，黄河则是中华民族的摇篮，如同古印度的恒河，古埃及的尼罗河，古巴比伦的幼发拉底河。中华民族的始祖名"黄"帝，黄帝建都于黄河流域的河南新郑，合称"三代"的尧舜禹，也建都于山西境内下临黄河之处。没有黄河，就没有中华民族，就没有中国的第一部农书、医书、兵书、史书，也就没有我们民族的第一部诗歌总集《诗经》，让后人摇头晃脑如醉如痴地捧读。<u>"关关雎鸠，在河之洲"</u>（《周南·关雎》），<u>你可以说这"河"不一定指黄河，然而，"谁谓河广？一苇航之"</u>（《卫风·河广》），<u>这却确确实实是侨居卫国的宋人，隔黄河而谱写的中国诗歌中最早的怀乡之曲。</u>

文明发源于斯，众生生息于斯，中国人对黄河虽不免心怀忧虑与恐惧，但更多的却是自豪与骄傲，这，可以说是我们民族挥之不去的"黄河情结"。这样，你就不难理解黄河为什么除了盛产著名的鲤鱼，也盛产以它为歌咏对象的诗篇了。在唐人的诗篇中，写黄河的不计其数，李峤《河》说"源出昆仑中，长波接汉空"，骆宾王《晚渡黄河》说"千里寻归路，一苇乱平源"，杜甫忧国忧民，有一首诗题为《临邑舍弟书至苦雨黄河泛溢堤防之患簿领所忧因寄此诗用宽其意》，题目就如绵绵秋雨之长，其忧思就更长于题目："二仪积风雨，百谷漏波涛。闻道洪河坼，遥连沧海高。职司忧悄悄，郡国诉嗷嗷。"晚唐的罗隐与杜甫一脉相承，在刘禹锡的"九曲黄河万里沙，浪淘

这一句揭示人类文学的总起。中国文学就从这河边诞生。此后中国人的种种风情都在文学的水边演绎。可以说，人生有多少风情，水就有多少风情。人生风情尽在水中，水中风情尽显人生。为何如此？因为这河这水啊，"拊我蓄我，长我育我"。

风簇白天涯"之后，他在《黄河》一诗中也长叹息："莫把阿胶向此倾，此中天意固难明。解通银汉应须曲，才出昆仑便不清。"而对黄河作全景式描绘而极有气势的，应该是王之涣与柳中庸了，前者的"白日依山尽，黄河入海流"（《登鹳雀楼》），视野开阔，睥睨八荒，后者的"三春白雪归青冢，万里黄河绕黑山"（《征人怨》），也可说气势雄豪悲壮，目有全河。然而，<u>唐代的黄河大合唱的领唱歌手，毕竟还是昂首天外气吞斗牛的李白，其他的诗人不论如何出色，都只能为他伴唱</u>：

　　黄河由天泻海，永不回复；头发朝夕之间由黑变白，令人心生悲凉。

君不见黄河之水天上来，
奔流到海不复回。
君不见高堂明镜悲白发，
朝如青丝暮成雪。

———《将进酒》

　　要抵达彼岸，"黄河"成了阻隔的象征。

欲渡黄河冰塞川，
将登太行雪满山。

———《行路难》

　　以黄河之大、之强，写胸襟之博大、深广。

黄河落天走东海，
万里写入胸怀间。

———《赠裴十四》

　　黄河是抵达彼岸的通途。

我浮黄河去京阙，
挂席欲进波连山。

———《梁园吟》

170

西岳峥嵘何壮哉，
黄河如丝天际来。
黄河万里触山动，
盘涡毂转秦地雷。

　　——《西岳云台歌送丹丘子》

黄河捧土尚可塞，
北风雨雪恨难裁。

　　　　　——《北风行》

黄河西来决昆仑，
咆哮万里触龙门。
波滔天，尧咨嗟。

　　　　——《公无渡河》

黄河走东溟，白日落西海。
逝川与流光，飘忽不相待。

　　　　　　——《古风》

从西岳华山的角度看，黄河如丝；从黄河的角度看，它万里奔腾而来，以巨大的力量撼动西岳华山。这是写山川争雄。

"裁"是消除的意思。黄河尚可塞，恨却难消除。以黄河可塞衬胸中恨之深广。

黄河是民族生命力的象征。

黄河是时间存在的证明，又是时间消逝的证明。黄河承载着时间。

由这些诗作可读出李白对黄河之深情。李白对长江是喜爱，对黄河却是深爱。李白笔下的长江优美可人，笔下的黄河却壮美撼人。若从审美角度看，李白之黄河较李白之长江更有审美内蕴，具有更大的精神哺育功能。

　　李白为浩浩荡荡的黄河写照传神，也表现了他所独有的喜怒哀乐与胜概豪情，在古代诗人中，无出其右，所以当代诗人余光中要称他为"河伯"。且不论我以上援引的诸多例句，仅以"君不见黄河之水天上来"4句而言，那吞吐八荒、凌厉无前的英雄之气与人生苦短、生命无常的悲剧意识之奇妙结合，就足以让千载之下的读者荡气回肠。古人已矣，今天的新诗作者，有谁能从他的手中接过诗的接力棒，或者，取代他的咏黄河冠军的称号呢？

171

单元链接

　　本单元出现的中学语文必读诗有张若虚的《春江花月夜》,李益的《夜上受降城闻笛》,王维的《鸟鸣涧》《竹里馆》,李白的《静夜思》《关山月》《望天门山》《送孟浩然之广陵》《行路难》,杜甫的《月夜忆舍弟》,王之涣的《登鹳雀楼》等。

　　我愿这是你的一次"蜜月"旅行。

　　行走在虹桥彩梁之上，左手是朋友临别相赠的杨柳枝，右手是最时尚的"白刃明霜雪"的藏剑，或前或后是绝代佳人或绝代君子，行囊中还有取之不尽的"诗咏金钱"。

　　在这一路的旅行中，你收获的将是最本质的生活。你将钦羡白居易、刘禹锡、李商隐、杜牧这些"情场老手"的谈情说爱，你将感伤王之涣、王维、李白、元沛夫人这些"多情离人"的生离伤别，你将心仪王昌龄、李白、陆龟蒙、李商隐这些"采莲里手"演绎"君子与佳人"的绝唱，你将惊叹郭元振、王维、李白、杜甫、李贺、贾岛这些"武林高手"的擂台舞剑，你将体悟徐寅、郑谷、张渭、韦应物、元稹、于鹄这些"理财行家"在"财富论坛"上的唇枪舌剑……

诗中的彩虹

　　大地上有千万条江河溪涧，江河溪涧上有万千座彩虹桥梁，彩虹桥梁招来无数诗人低吟高唱。在那众多诗人合奏的桥梁交响曲里，唐诗人的演出，是最为精彩的一章。

　　在我国的文学作品中，"亲迎于渭，造舟为梁"，最早的联结船舟为浮桥的桥梁，架设在诗经的《大雅·大明》一篇之中。公元前12世纪周文王为了迎娶新人，在渭水上建起浮桥，不久前我车过渭水，虽然好多座公路桥早已越浪凌波，但我在车中顶礼这关中大地上古老的河流，魂飞千载，耳边仿佛还有周文王迎亲的喜庆鼓乐之声从风中传来。"东风柳线长，送郎上河梁"（范云《送别诗》），翻开汉魏六朝的诗文，我们已不时可以碰到跨水渡人的桥梁了，而在唐人的诗歌中，因为桥梁的建造已颇为进步和普及，就更成了唐诗中一道特异的美丽风景。

　　板桥就是其中之一。板桥，就是用木板架设的桥，这在城郊乡野极为普通易见，所以直至清代，颇具平民意识的诗书画三绝的郑燮，仍然以"板桥"为号。唐诗中的板桥，名声最著的是温庭筠《商山早行》中的那一座：

　　　　晨起动征铎，客行悲故乡。

　　中华文学中的第一座桥是为迎娶新人而造。这是不是一个隐喻？为何造桥？渡河，为何渡河？抵达彼岸。

　　全用名词不用动词的写法，后代也出了一些名句，如"桃李春风一杯酒，江湖夜雨十年灯"（黄庭坚）、"枯藤老树昏鸦，小桥流水人家，古道西风瘦马"（马致远）。从诗意的清新看，温胜于黄、马；从诗意的厚重看，黄、马胜于温。

鸡声茅店月，人迹板桥霜。

槲叶落山路，枳花明驿墙。

因思杜陵梦，凫雁满回塘。

　　商山在今陕西南部商县之南，原名楚山，旁有楚水，现名刘家峪水，这里远古时也是楚国的发祥地之一。这首诗的声名远扬，主要得力于颔联，十个字写了六件事物，创造了一幅凄清的有声有色的乡野秋日早行图。犹记幼时正逢抗日战争，一家人在湘西的山野流亡，清晨出发的足迹，就曾叠印在落满白霜的板桥之上，只是童稚无知，全然不晓千年前温庭筠早就写出了相似的情景，及至年岁已长，他的诗才唤醒了我童年的记忆，虽然那记忆已沉埋在重重叠叠、愈行愈远的岁月里。

　　同是板桥，白居易、刘禹锡和稍后的李商隐，就写得风光旖旎得多。"梁苑城西二十里，一渠春水柳千条。若为此路今重过，十五年前旧板桥。曾共玉颜桥上别，不知消息到今朝。"这是白居易的《板桥路》诗。刘禹锡晚年与白居易交善，时称"刘白"，他的《杨柳枝》可能是"隐括"白诗，然而有出蓝之美：

春江一曲柳千条，二十年前旧板桥。

曾与美人桥上别，恨无消息到今朝。

　　"旧板桥"是全诗的中心意象，也是诗人过去的绮事与当时的绮思的焦点，物是人非，鱼沉雁杳。生活中的那座板桥，虽然因时间风沙的吹刮早已磨损坍塌，今天已无法追寻，但另一座文字的板桥至今却仍然渡水凌波，浪漫在刘禹锡的诗里。接踵而来的李商隐，也写了一首罗曼蒂克的奇丽情诗，名为《板桥晓别》："回望高城落晓河，长亭窗户压微波。水仙欲上鲤鱼去，一夜芙蓉红泪多。"写他人还是写自己呢？众说纷纭。真正的答案，只有长途跋涉去唐朝请教李商隐了。

唐代北方有许多著名的桥，尽管原来的桥身早已不在，但它们的名字却被挽留在不朽的诗章里。"车辚辚，马萧萧，行人弓箭各在腰。耶娘妻子走相送，尘埃不见咸阳桥。"(《兵车行》)杜甫记叙的故事，发生在咸阳城西北横跨渭水的桥上，杜甫笔下的那座桥梁，当然早已让位于现代钢筋水泥的高速公路大桥，但今日的大桥，何曾有它那样声名远播？唐代的东都是洛阳，城西南洛水之上有洛桥，又名天津桥，许多诗人曾经题咏，白居易就写有一首《天津桥》。"津桥东北斗亭西，到此令人诗思迷。眉月晚生神女浦，脸波春傍窈娘堤。柳丝袅袅风缲出，草缕茸茸雨剪齐。报道前驱少呼喝，恐惊黄鸟不成啼。"水如美目，月似蛾眉，风缲柳丝，雨剪芳草，而黄鹂在树间唱它们代代相传的歌。白居易以他的诗的广角镜，为我们摄取了天津桥头所见的早春美景，而孟郊的《洛桥晚望》，则是另一番气象：

> 天津桥下冰初结，洛阳陌上人行绝。
> 榆柳萧疏楼阁闲，月明直见嵩山雪。

白居易善于享受生活，他固然有许多同情人民甚至为民请命的篇章，但也不乏对良辰美景、赏心

李商隐写的情诗较多，但都较朦胧隐晦。古诗中，像"刘白"这样"直白"地谈情说爱的并不多见。这也可作为一座桥，把我们渡到古代诗人的另一世界中，窥到他们另一半心情。其实，任何时代都一样，谈情说爱应当是最伟大的人性显现，无须回避。

佛家说：心中有佛，眼中见佛。诗家说：心中有意，眼中生象。白居易心中有春，眼中见春桥美景。孟郊心有冬，诗中见冬桥寒境。

乐事的吟咏，《天津桥》就是如此。而被苏东坡称为"郊寒岛瘦"的孟郊写同一座桥，却充满了"寒"意，在前三句富于层次感的描绘之后，结句的远景破空而来，明月冰雪的景物，寄寓的是官卑命蹇的诗人高远而落寞的雪月襟怀。孟郊之后的陈羽写过一首有名的《从军行》："海畔风吹冻泥裂，梧桐叶落枝梢折。横笛闻声不见人，红旗直上天山雪。"不仅结构和孟诗相似，用韵和孟诗相同，甚至同是以"雪"收束全篇。"红旗直上天山雪"，较之孟郊的结句，色彩和动静的对比更为突出鲜明，我真怀疑陈羽在天津桥头温习过孟郊的绝句，然后作了青出于蓝的模仿。当代的某些作家明明不同程度地继承模仿了前人，但却要自吹与他播为前无古人的戛戛独造，以为如此可以抬高身份，殊不知效果适得其反。我说陈羽模仿了孟郊，不知陈羽敢不敢坦然承认。不过陈羽也许会说：岂止是我，还有后来在湖南永州写《江雪》的柳宗元呢！

江南多水乡泽国，大大小小有名无名的桥梁，如同天上光度各异的星斗。如果你去扬州，在水上桥旁，你还会听到千年前杜牧《寄扬州韩绰判官》的歌声：

青山隐隐水迢迢，秋尽江南草木凋。
二十四桥明月夜，玉人何处教吹箫？

韩绰，是杜牧"十年一觉扬州梦"时的同事兼好友。韩绰死后，杜牧还写了一首诗哭他，以表生死不渝的友情，这首寄于韩绰生前的诗，写得如此风流俊爽，一往情深，就绝非偶然。"二十四桥"，有人说是一桥而曾集24位美人于其上吹箫，一说唐时扬州风月繁华，可记者有24桥。杜诗中的"桥"与"美人"，兼寓友情与爱情以及回首往事的怀旧之情，"美人"可以指韩绰，也可以喻桥上吹箫的美人，不论如何，"桥"与"美人"的多义与多解，更使得这首诗丽句清辞，风神绵邈。

　　江南的扬州多娇复多桥，江南的水城苏州呢？13世纪意大利旅行家马可·波罗在他的《东方见闻录》中，曾说"此城有桥六千"，那更是多桥亦复多娇了。这座后来被美称为东方威尼斯的名城，唐时的桥梁多以竹木建造，其侧饰以朱红梁栏，诗人们咏苏州之桥，有"东西南北桥相望""画桥三百卧晴虹""古宫闲地少，水港小桥多"之句。白居易55岁在苏州刺史任上时，曾遍游苏州之水港园林，他在《正月三日闲行》一诗中说："黄鹂巷口莺欲语，乌鹊河头冰欲销。绿浪东西南北水，红栏三百九十桥。鸳鸯荡漾双双翅，杨柳交加万万条。借问春风来早晚，只从前日到今朝。"在宋代描绘苏州的《平江图》中，可以细数出359座桥梁，白居易概言"三百九十桥"，也可见唐代苏州桥梁之星罗棋布。

　　白诗写苏州正月风光相当动人，但他可惜未写桥名，而且景物铺叙过多，情味不足，还不及在他之前张继所作的《枫桥夜泊》：

　　　月落乌啼霜满天，江枫渔火对愁眠。
　　　姑苏城外寒山寺，夜半钟声到客船。

何为"绝唱"？后人不可超越。这首诗多层次体验"清冷"，以呈现羁旅的愁寂；所见"月落""霜满天"——视觉清寂；所闻"乌啼""钟声"——听觉凄清；所感"夜半""寒山"——触觉清寒；所念"客船"——综合体味羁旅之味。

枫桥原名"封桥"，张继首称"枫桥"，在今日苏州市阊门外枫桥镇。寒山寺则因唐初诗僧寒山、拾得主持于此而得名，在枫桥之西约里许。这首诗，创造了枫桥夜泊、旅人不寐的声色并兼的典型情境，绝句而成绝唱。唐代的枫桥早已不在，现在的花岗岩半圆形单孔拱桥，为清代同治年间所建，原桥的魂魄，已经永恒在张继不朽的诗里。"月落乌啼，总是千年的风霜，涛声依旧，不见当初的夜晚"，今日的流行歌曲《涛声依旧》，其意境和有些词句就是脱胎自张继此诗，而我们只要轻吟低咏，千年前枫桥侧畔的夜半钟声，曾经敲响过张继心头的羁愁与寂寞，也仍然会叩响我们怀旧忆往的心弦。

今日神州大地的江河，日新月异架设起许多现代化的桥梁，其先进与壮观远非古代的桥梁可比。我对它们的建设者心怀尊敬，但是，我仍然十分喜爱乡间山野的小桥流水，它们赠我以忙碌于红尘中的现代人难以享受到的闲情野趣。而唐诗中那些与桥有关的名篇佳构，其古典风情和文化意蕴，至今也仍然令我心神向往，如果你在异域殊方，怀恋之情当更加强烈和深切。犹记有一年秋日，我作客美国旧金山，专程去探望号称世界上最美的吊桥——金门大桥，这是一座单径吊桥，二柱桥墩之间的距离为4 200英尺，全长为8 450英尺，桥墩高度相当于70层楼。不久前此桥庆祝"五十大寿"，从清晨5时到正午12时，车辆一律停驶，专让行人通行，结果先后有40万人肩摩踵接步行而过，把拱桥压成了平桥而安然无恙。我坐汽车在大桥之上御风，乘游艇于大桥之下破浪，我惊叹这座异国名桥的宏伟壮丽，也钦佩只有五尺之躯的总工程师约瑟夫·施特劳斯的远志高情。然而，当车轮在桥上急驰，当轻舟在桥下犁浪，我的心仍然飞回万里之外的故乡，心中藏之，无日忘之，如同归巢的鸟，栖落在唐诗中那些美丽的桥梁之上和彩虹之上！

■ 唯有垂杨管别离

一

人生喜聚不喜散，又不得不散，于是对相聚的留恋，对分别的感伤甚至痛惜，便被诗人们反复咏叹。

出征远戍为哀，以春景衬之；久戍还乡为乐，以冬景衬之。是谓相反相成。

"黯然销魂者，唯别而已矣。"对于人生普遍共有而又各自刻骨铭心的离愁别恨，远在南北朝时期的江淹，早就慨乎言之了。这句话如一记清钟或警钟，不绝的余音一直传扬到今天。而和离别有关的树木呢？树木家族的成员虽然成千上万，但春华秋实，各司其职，在中国，分工主管情意与离愁的，大约只有柳树（又称"垂杨"），所以唐代诗人刘禹锡也早已慨乎言之："长安陌上无穷树，唯有垂杨管别离。"

杨柳轻飏，但却担负起主管别离的重任，据说源自汉代。六朝无名氏所作《三辅黄图》一书曾说："灞桥在长安东，跨水作桥，汉人送客至，折柳赠别。"然而，早在遥远的诗经中，杨柳就在《小雅·采薇》篇中枝条摇曳了："昔我往矣，杨柳依依；今我来思，雨雪霏霏。"出征战士久役还乡，时在雨雪纷飞的冬日，他回想离家远戍之时，正是春光明媚杨柳依依的春天。以前的诗论家对这两句诗颇为欣赏，认为在艺术上有相反相成之妙：以乐景写哀，以哀景写乐，以倍增其哀乐。但我以为从民俗文化与文化象征的角度来看，这首诗将柳枝与别离缩系一起，却是汉代以后折柳送别的滥觞，《诗经》向我们泄露的，是这方面最早的消息。

现代人对柳早已没有如此多情，柳不过是古典诗词中的一帧风景，或是现实生活中一种供观赏的植物而已。然而，<u>在古代，友人、恋人及至亲人之间的话别，除了两情各依依的叮咛，挥手长劳劳的怅望，许多时候就靠柳枝来传情达意，特别是在春和景明之时。</u>六朝的无名氏说这种风俗起于汉代，他既然"氏"而"无名"，恐怕派出所里没他的户籍，我们不知到哪里才可找他证实，不过，在南北朝的诗篇里，却已可见一些蛛丝马迹，不，"柳丝"马迹。南朝齐梁之交的范云在《送别诗》中写道："东风柳线长，送郎上河梁。未尽樽前酒，妾泪已千行。不愁书难寄，但恐鬓将霜。望怀白首约，江上早归航。"同时代的刘绘《送别诗》也说："春满方解箨，弱柳向低风。相思将安寄，怅望南飞鸿。"这大约是正式写柳与送别的最早的诗篇吧。及至隋朝末年，在无名氏的一首《送别诗》里，我们看到的竟然已是折尽的柳条："杨柳青青着地垂，杨花漫漫搅天飞。柳条折尽花飞尽，借问行人归不归。"这首隋代的古体诗，不仅已有了唐人绝句的音律和韵味，开启了王维《送别》的"山中相送罢，日暮掩柴扉。春草年年绿，王孙归不归"的先声，而且那摇烟曳水的杨柳似乎也在宣告，随后的唐代诗坛，是它们充分发挥的天地，尽情表演的舞台。

二

我们的先人真是富于想象力，让离愁别绪与青青杨柳结成了不解之缘。在汉语中"柳"和"留"读

音相近，古人于是联想到赠柳即表示对离人的挽留，如此巧用谐音以表情意，可谓妙想。西藏拉萨寺前有一株唐柳，至今已有1 300多年，相传是藏王松赞干布和文成公主手植，植柳而不植其他，大约也是取其谐音之"留"吧。柳丝细长而茂盛，柔而坚韧，也可暗寓送者情丝之长、情意之隆和情怀之永，如此音形并美地向对方表白眷眷之情，何乐而不为？所以白居易在《杨柳枝》一诗中，就说"依依袅袅复青青，勾引春风无限情"。除此之外，柳树随遇而安，生长迅速，民间有"无心插柳柳成荫"的谚语，唐诗人薛能《新柳》诗也有"柔性定胜刚性立，一枝还引万枝生"的赞词，众生正可借以寄寓对行人的祈愿和祝福。桃红李白之属，既然都不能寄此重任，送行话别之时，柳就自然是最佳选择的象征物。于是，桥头、渡口、河岸、水滨，尤其是长亭复短亭之旁，就成了依依杨柳的世界。而在汉魏六朝之后，唐诗人接踵而来，在那一行行一伞伞的柳荫之下，咏唱了许多传之今世的动人的别离之诗。

一位作家，如果其作品量多质高，当然难能可贵，质高而量少，同样可以名世与鸣世。王之涣存诗只有寥寥六首，但他仅仅凭《凉州词》与《登鹳雀楼》，就可以昂首阔步走进文学史了，何况他还有一首《送别》，虽不大为人所知，但也写得深情可喜："杨柳东风树，青青夹御河。近来攀折苦，应为别离多。"这是直接写折柳送别，是所谓"明写"。另外一种则较为含蓄，王维的两首诗就是出自同一机杼：

渭城朝雨浥轻尘，客舍青青柳色新。

劝君更尽一杯酒，西出阳关无故人！

——《渭城曲》

杨柳渡头行客稀，罟师荡桨向临圻。
唯有相思似春色，江南江北送君归。

——《送沈子福之江东》

　　诗中的杨柳不仅点染环境，烘托气氛，而且是赠别的象征物，只是以暗示出之，这是所谓"暗写"。"忽见陌头杨柳色，悔教夫婿觅封侯"，一千多年前王昌龄《闺怨》诗中那位不知愁的楼头少妇，一眼瞥见陌头柳色就愁绪万千，悔恨不及，这也是对别离的意在言外的不写之写。好花看到半开时，半开的花，不是常常比盛开的花更引人遐想吗？

　　唐代的刑部郎中元沛，有一位能诗的夫人杨氏。巾帼不让须眉，她也作了一首《赠人》，但她不愿重复那些男性诗人的思路，而是别出心裁与新裁：

扬子江边送玉郎，柳丝牵挽柳条长，
柳丝挽得吾郎住，再向江头种两行。

　　"柳丝"是"情思"的象征，这位芳名不传的女诗人正是由此落想，愈无理而愈妙，因为好诗有时是不讲日常之理的，如果你说柳树无智无识，再种一千行也是白搭，那就未免令作诗的伊人伤心，也使读者觉得太煞风景了。倒是李白的《劳劳亭歌》说得婉转：

天下伤心处，劳劳送客亭。

"明写"直白，"暗写"含蓄。含蓄之诗有时需要你细细品味。

诗不讲理（科学道理）而尊理（文学原理）、成理（创新之理）。

春风知别苦，不遣柳条青。

李白不直接写众生离别之苦，也不写折柳或加种杨柳，而是寄情春风，春风尚"知"别苦而"不遣"柳条回青转绿，伤心的送者行者又情何以堪？如此深婉的构思，奇警的语言，真使人感叹"诗仙"这项桂冠，不是谁都可以戴得的。

在文学艺术的天地里，最可贵的是思维的求异性与艺术的独创性。在初唐至盛唐至中唐众诗人同唱折杨柳歌之后，晚唐的罗隐却别调独弹，他写了一首《柳》诗与前人和大家抬杠：

> 灞岸晴来送别频，相偎相倚不胜春。
> 自家飞絮犹无定，争解垂丝绊路人。

他说柳树本身尚管不住自己飞絮无定，怎么还能以柳丝去挽留行人？这是对传统的折柳送别或留别的否定。但是，诗的王国里也是少数服从多数，后代诗人并不理会罗隐的反调，一直到晚清，秋瑾《送别》诗一开篇还说"杨柳枝头飞絮稠，那堪分袂此高楼"。而现代呢？鲁迅曾作《送增田涉君归国》一诗，结句也仍然是"却折垂杨送归客，心随东棹忆华年"。当代的台湾诗人兼散文家余光中呢？他的诗文中更是多次提到折柳，如写于1976年的《从西岸到东岸》一文就说："旧金山，西岸最美丽也是最愁人的长亭。和夏菁'高谈'了七千哩后，便在那里分手了。也没有折柳相赠，柏油铺地的国际机场，原就无柳可折。"柳枝虽小，但却凝聚着民族的心理情结和审美体验，不然，一枝当烟舞风的轻盈杨柳，怎么会从遥远的汉代一直折到如今？

三

古人看重别离，大约出于如下几个原因：一是人生短促，聚少别多，常常是刚刚相见却又言别；二是关山修阻，交通与通信不便，相见时难别亦难；三是古人敦于亲情，笃于友谊，尚没有现在这样人心不古。曹植当年在《送应氏》一诗中早就长叹息："天地无终极，人命若朝霜。……山川阻且远，别促会日长。"而杜甫的《送路六侍御入朝》一诗，似乎更是我以上说法的注脚："童稚情亲四十年，中间消息两茫然。更为后会知何地？忽漫相逢是别筵。不分桃花红似锦，生憎柳絮白于绵。剑南春色还无赖，触忤愁人到酒边。"这位姓路而排行第六的侍御，是杜甫儿时的朋友，他们一分手再相逢就是四十载后的向老之年。杜甫虽被后人尊为诗圣，但当时却未能配备一部电话，40年来和对方竟然音讯不通，无意中故友重逢，却偏偏是在离别的筵席之上，而且后会难期。时当蜀地的春日，桃之夭夭，杨柳依依，但在重情伤别的愁人杜甫眼里，乐景徒增伤悲，见灼灼其华而厌恨，对杨柳呢，他也竟然不是"赠"柳而是"憎"柳了。

古今之间，生活方式与思想观念已经有了很大的不同。当年鲁迅的诗中和余光中文里的"折柳"，已只是用典而非写实。火车站的月台是现代的长亭，长亭是钢筋架成，地面是水泥铺就，送别时只见依依的挥手，哪有青青的杨柳？飞机场的验票处是现代的渡

还有一点：古人更能享受、体验生命本身的快乐，现代人更多注重生命之外的事情。现在若送别时赠人以杨柳枝，那还不被笑掉大牙？

口,渡口是水磨石铺地、不锈钢栏杆围成,握别时只有语音各异而版本同一的叮咛,哪还有杨柳的青青?如果你和情人话别,不去超级市场买一种价值相当又颇具意义的礼物相赠,却不辞辛苦跑到公园或郊外去攀折一根柳枝,她不怀疑你至少有一根神经出了问题才怪,你们的发展前途当然也就绝不容乐观。如果你送友人远行也是如此,知道这一典故的,会觉得人间何世,你这人真是不知有汉无论魏晋的书呆子,不知道的呢,也许会认为你"为人大方","出手阔绰",送人的竟是一根惠而不费的柳枝。

人生苦短会少离多虽然古今大休相似,但今日资讯与交通的发达便捷,确实早已使人类居住的星球成了"地球村",四海五洲千山万水都近在咫尺,在这一方面,今人远比古人幸运。唐诗人岑参当年从长安去西域,"走马西来欲到天,辞家见月两回圆。今夜不知何处宿,平沙万里绝人烟"(《碛中作》),驰马走了两个月还没有到达目的地,而且还不知投宿的招待所或宾馆在哪里,自己着急,家人也悬念。而现在呢?天上的波音747朝发夕至,地上的手提大哥大即拨即通,天下的有情人一飞可至,一线可牵,就没有必要再去麻烦柳树柳枝,也不必望穿明媚的秋水或昏花的老眼了。

然而,交通与资讯的发达便捷虽远非古代可比,但现今的社会也越来越世俗化商业化,古人之情也远非今人之情可比。当今之世,道德日益沉沦,世风日见低下,生活节奏也日趋快速紧张,我所祈愿的是,友情不要功利,爱情不要蒙尘,亲情不要浇薄,希望有朝一日,人间的别恨离愁真情挚谊,不要只能在折柳送别的唐诗中去追寻。

君子与佳人

在齐放的百花之中,中国人情所最钟的,除了高居于"梅兰竹菊"之首的梅花,大约就算盛于夏而终于秋的莲花了。它在《诗经》中叫"荷花",《楚辞》中名"芙蓉",《说文》中曰"芙蕖",《群芳谱》中则谓"水芙蓉"。此外,还有"水华""菡萏""芙蓉花""六月春"等许多美丽的别名。在中国人长期赏花惜花的审美过程中,它同时还获得了两个尊称雅号:"花中君子"和"翠盖佳人"。荣获一项桂冠已属不易了,它怎么竟然还能双美集于一身?

与水缘结不解的荷花,神韵风标,可谓超群绝俗。其外形秀逸而美艳,枝干挺拔,玉立亭亭,叶大而圆,翠绿如盖。夏日花开六色,但以娇白嫣红者居多。其盛大花展不在陆地,也不在厅房,而举行在江南江北,泽国水乡。苏东坡曾说"从来佳茗似佳人",认同他的看法的似乎不是很多,倒是荷花临风而舞,香远益清,众生早就美称其为"翠盖佳人"了。而被奉为荷花之神的,就是曾在镜湖上采莲的美女西施,一直到清代,郑板桥先生还在《芙蓉》一诗中咏唱:"最怜红粉几条痕,水外桥边小竹门。照影自惊还自惜,西施原住苎萝村。"这位翠竹与兰花的崇拜者,就是将荷花与西施"合二为一"的。

因为荷莲骨润神清,出淤泥而不染,濯涟漪而不

既是"君子",又为"佳人",荷花承载了国人太多的期望。

189

妖，所以又有"花中君子"的美誉。这首先得归功于志行高洁的君子屈原，早在《离骚》中，他就歌吟"制芰荷以为衣兮，集芙蓉以为裳"。屈原要以荷叶为衣，荷花为裳，他才真正是服装设计的祖师和大师。其次，就该数三国时魏国的才子曹植和北宋的周敦颐。"览百卉之英茂，无斯花之独灵；结修根于重壤，泛清流而濯茎"，他的《芙蓉赋》，对荷花高洁的品性也是赞扬备至。待到周敦颐接踵而来，虽然惜墨如金，只写了119字的《爱莲说》，但莲荷的品德风韵却更为世人所传扬。明代的叶受则在前人的"翠盖佳人"之外，最后完成了为荷莲再命名的任务。他作了一篇可称为古代魔幻现实主义作品的《君子传》，传主叫"君子"，又名"莲"，复名"菡萏"，字"芙蓉"。——如此这般，荷莲就将人间男性与女性、刚性与柔性之美的两极全部拥有，这真可谓十全十美，不，两全双美了。

荷是中国的原产和特产，虽然身世如谜，但却可以追溯到混沌初开的太古。直至近代，西方许多国家尚不知荷为何物，而在他们的诗人起劲地歌颂玫瑰、蔷薇之前两千多年，荷花早就在我们的《诗经》中嫣然开放："山有扶苏，隰有荷华。"(《郑风·山有扶苏》)"彼泽之陂，有蒲与荷。"(《陈风·泽陂》)时至隋唐，它们更携手而来，纷纷亭亭净植在诗人们的诗章中，一展君子的襟怀，佳人的风采。

唐诗人高蟾本是一介寒士，倜傥不群，讲究气节，据说别人无故给他千金，他宁愿困穷而死也不接受。在学而优则仕的时代，尤其是非常重视进士出身的唐朝，他历十年而未第。曾作《下第后上永崇高侍郎》一诗："天上碧桃和露种，日边红杏倚云栽。芙蓉生在

屈原的奇思，曹植的发现，周敦颐的颂扬，叶受的演绎，使亭亭玉立的佳人又享君子之风采。

秋江上，不向东风怨未开。"有对依靠权势人物和裙带关系而腾达飞升者的讽刺，有生不逢辰怀才不遇的感慨，更有以孤独高洁的秋江芙蓉的自喻与自持。虽然诗人也许有意向高侍郎发牢骚并盼其援引，但仍然不卑不亢，格高调远，远非时下某些人可比。这些人意在仕途或文途，请人提携时态度谦卑，言辞恭谨，一旦目的已遂，往往过河拆桥，甚至以怨报德，其卑下肮脏，与"芙蓉生在秋江上"相去何其遥远！<u>与高蟾时代相近的另一位唐末诗人陆龟蒙，也是一介寒儒，其品格和诗文更在高蟾之上，和皮日休并称"皮陆"</u>。其小品文被鲁迅赞誉为"放了光辉"，诗作也多关心民间疾苦。他的《白莲》同样是咏荷亦以自咏：

> 素蘤多蒙别艳欺，此花端合在瑶池。
> 无情有恨何人觉，月晓风清欲堕时。

　　白荷洁身自好而独立不群，所以才遭别的艳花的欺侮，守身如玉而不随俗浮沉，因而只宜居住在超尘绝俗的仙境，尤其是在月晓风清的曙光中，更是素巾缟袂，一派清远的标格与风神。白莲本来就象征高洁，写花兼以喻己，诗人的磊落胸襟与高远情趣，和白莲已经融为一体。唐诗中咏白莲之作不少，如白居易就特别喜爱白莲，并有《题白莲》《东林寺白莲》等作，他虽然姓"白"，但他的诸多咏白莲之作，却不及陆龟蒙的这一首绝句。文学创作并不是如韩信将兵，多多益善，出版了数百万字，到头来也许是一堆废纸；文学创作最终也并不会以名位定价，时间铁面无私，它会摒弃世俗与功利，最后让作家作品各就各位，

比喻与对比的妙用。

所以张若虚尽管只流传了两首诗，却有着崇高的诗名，享受着人们崇高的敬意。

191

有的淘汰出局,有的则在文学殿堂得到应得的香火。

荷花虽是翠盖佳人,但却不是高阁深闺中雍容浮华的贵妇,而是大自然中青春活泼的和劳动相连的少女。地无分东西南北,水无分野泊湖池,随处都可见到她们的踪迹。因为地域和家族不同,她们的芳名有的叫作"西子争妍",有的名为"霞光映波",有的称"白羽衣",有的曰"花欲笑",光是听这些名字,你就会心旌旗摇了,连大诗人李白,当年都禁不住说"荷花娇欲语,愁杀荡舟人"呢!

夏日莲子初熟,江南水乡开始采莲,这是一项古老而重要的农事活动。如今,在映日荷花别样红的夏天,无论你走到哪一处荷池荷塘荷湖荷乡之畔,假若你有心倾听,总会有"江南可采莲,莲叶何田田"的歌声,从遥远而又遥远的汉代传来。《采莲曲》呢? 梁朝就有这个美丽的诗题了,及至唐代,采莲之俗更盛行于江南。名号"青莲居士"的李白,其《采莲曲》就曾经写道:

若耶溪旁采莲女,笑隔荷花共人语。
日照新妆水底明,风飘香袂空中举。
岸上谁家游冶郎,三三五五映垂杨。
紫骝嘶入落花去,见此踟蹰空断肠。

若耶溪在今浙江绍兴市南,相传西施浣纱于此,故名浣纱溪。李白写的是青春健美的采莲女,但却以"游冶郎"来反照,看得出他对前者赞赏而对后者讥弹。言之不足,故重言之,在组诗《越女词》中,李白又一次描绘了采莲少女和夏日荷花:"耶溪采莲女,见客棹歌回。笑人荷花去，佯羞不出来。"与李白同时又兼好友的王昌龄，不知是否读过前者的上述诗篇？他的同题之作较之李白，自是更胜一筹：

> 荷叶罗裙一色裁，芙蓉向脸两边开。
> 乱入池中看不见，闻歌始觉有人来。

　　将近40年前，在不见荷花而只见雪花的青海苦寒之地，也许自己正值华年，对这种青春的诗易于感应，同时又怀念故乡洞庭的接天莲叶无穷碧吧，我曾撰文议论过这首诗的"巧思与创新"。如今，我年华已老，但千年前王昌龄的诗句却没有老，他诗中人花交融的芙蓉和采莲少女，也依旧青春。王昌龄这首诗，我以为是古代所有《采莲曲》的冠军，当然也超过李白之作，李白惺惺相惜而胸怀坦荡，对我的看法该会赞同吧？但他目空一切，"文章是自己的好"，也许会不以为然？

　　人间天生丽质的佳人，应该有美满的爱情，大自然中的"翠盖佳人"呢？在中国诗人的笔下，她也常常和爱情联系在一起。蔷薇与玫瑰，是西方人的爱情之花，中国的爱情花，最早是灼灼其华在《诗经》中的桃花，然而，当采莲曲唱遍江北江南，荷花就取而代之了。"莲"双关"怜"，"藕"双关"偶"，"芙蓉"双关"夫容"，"莲蓬"象征"新房"，"藕节"象征爱情之"贞节"，总之，莲荷天然是爱情的寄托。犹记几年前的一个盛夏，有一位诗人陪我游台湾高雄市南部的澄清湖，满湖荷叶田田，荷花灼灼，那是何年何月渡海而来的大陆莲荷的后代呢？我想起他年轻时歌唱爱情，

分不清哪里是荷叶，哪里是罗裙，哪里是芙蓉，哪里是面容。人如荷，荷乱人。采莲歌声传响，才知有采莲女。以荷喻人，以荷衬人，以荷像人，赋予越女君子之洁、佳人之韵。想象新奇而不怪，构思新巧而无痕。这样的诗作，像荷一样清新自然。

其诗集就美其名曰《莲的联想》。"在没有雀斑的满月下／一池的莲花睡着"和"究竟哪一朵，哪一朵会答应我／如果呼你的小名"，今人尚且如此，何况古人？或者说，尊重传统而力求创新的今人的诗，自有其古典的渊源。在汉魏乐府和文人之作中，已经有不少将莲荷与爱情合咏的作品，"种莲长江边，藕生黄蘗浦。必得莲子时，流离经辛苦"，"莲子"就是"怜子"的双关隐语，而在唐代，莲荷的种植遍及北国江南，诗人们红线相牵，它们和爱情更是结下了不解的良缘。

唐代帝王多爱牡丹，而晚年的唐玄宗独喜莲花，因为他赞美杨玉环丰润白嫩的脸庞为"莲脸"，又说莲花虽美，却不能和貌似莲花又善解人意的贵妃相比，故他又称贵妃为"解语花"。这样，就难怪白居易在《长恨歌》中，要说什么"归来池苑皆依旧，太液芙蓉未央柳。芙蓉如面柳如眉，对此如何不泪垂"，而直至清代的蒲松龄，还要形容红莲"绝似玉环朝带酒，低垂红袖倚阑干"了。李、杨之间究竟有没有真正的爱情，这是一个争论不休而至今没有定论的问题，我们姑且置之不议，而民间呢？同是白居易，他在《采莲曲》中写道："菱叶萦波荷飐风，荷花深处小船通。逢郎欲语低头笑，碧玉搔头落水中。"同时代的诗人皇甫松，其《采莲子》和白居易之作异曲同工："船动湖光滟滟秋，贪看年少信船流。无端隔水抛莲子，遥被人知半日羞。"碧玉簪掉落水中的细节，如灵珠一颗，使全篇熠熠生辉，而歌德在自传中说过，每只鸟儿都有它的诱饵，"抛莲子"的爱情试探，也令人过目难忘。碧玉簪沉落水中，是拾不起来的了，但不知那位少年接住那颗隔水抛来的信号没有，至今仍令人悬想。在古代，男女之间传情达意颇为不易，难以公开，在这一方面，现代人算是身在福中了。

以上二诗，可说是与荷莲有关的爱情的小喜剧、轻音乐，那么，晚唐李商隐的演出，则可谓喜剧与悲剧兼而有之。他当年爱慕太原节度使王茂元之女，后娶之为妻，写有一首《赠荷花》：

> 世间花叶不相伦，花入金盆叶作尘。
> 惟有绿荷红菡萏，卷舒开合任天真。
> 此花此叶常相映，翠减红衰愁杀人。

荷花荷叶形影不离，交相辉映，李商隐以此来比喻生死相依的爱情，真是才子的锦心绣口。然而，他的爱情似乎多具悲剧色彩，其"秋阴不散霜飞晚，留得枯荷听雨声"的名句，曾经令曹雪芹笔下的林黛玉感慨系之，而他的《暮秋独游曲江》，更是满纸悲凉：

> 荷叶生时春恨生，荷叶枯时秋恨成。
> 深知身在情长在，怅望江头江水声。

"问世间情是何物，直教生死相许"，元人元好问的警语，大约就曾得到过"深知身在情长在"的启发吧？李商隐此诗作于妻子亡后五年，他面对曲江荷花所生的春愁秋恨，是悼念早逝的妻子呢，还是他《无题》中所寓的恋人？这已经无法得知了。不久前，我曾千里迢迢去西安并独游曲江，曲江早已干涸为凹凸不平的田地，四处是房舍土丘。不见荷花，更不见李商隐，找谁才能解释我心中的疑团？但转念一想，所

"翠减""红衰"是同步的，是连为一体的。诗人托物言志，以"翠""红"的生死相依，作坚贞不二的爱情表白。

人生多愁恨，春发秋复生。若要避愁恨，切莫为人身。李商隐在经历人生变故之后，有了愁恨终生之叹。我更相信这是他对早逝妻子的"不二"情思。

195

指为谁又何必坐实呢，反正诗人是由荷花荷叶之盛衰，象征爱情之喜乐悲愁，不坐实，反而可使读者的想象在自由阔远的天地里振羽而飞。

　　唐代，莲荷在江南北国盛开，咏莲荷的诗，也从初唐一直盛开到晚唐。时至南宋，出了一位特别钟爱荷花的诗人杨万里，他咏荷作品之多，为历代诗人之冠，而其咏荷作品之好，也完全可与唐人的上选之作一较短长，有的甚至还后来居上，但本文的副题已经限定是"唐诗之旅"，抱歉而遗憾，就来不及请他出场现身说法现身说"花"了。

怅望千秋

上海著名中学师生推荐书系

■ 白刃明霜雪

中国古代的兵器据说有400多种,而适于近战的冷兵器的剑,却是百兵之祖,铁兵之神,杀敌制胜的利器,英雄猛士的佩饰,甚至是某种正义的人格和理想的象征。剑又和"侠"结下了不解之缘,以至中国人以前对"剑侠"津津乐道,咏剑与咏侠,成了中国文学的一种传统,而武侠小说也至今长盛不衰。唐朝建立以前,群雄逐鹿,李渊、李世民父子依靠刀与剑,杀出了一个新的王朝和时代,之后继续东征西讨,拓土开疆,兴文治而重武功,一时尚武好侠之风大盛。唐代虽是封建社会的黄金时代,但人间仍有种种不平,芸芸众生包括不甚得意的文人,也仍然向往侠义之剑。于是,继春秋战国之后,唐代又出现了一个任侠好剑的高潮。俗语说:武人爱剑,文人爱砚。但唐代许多文人爱砚也爱剑,在唐人传奇里,虬髯客、昆仑奴、古押衙、聂隐娘、红线这些挺剑而起的男女侠客,纷纷出场亮相,我们至今仍可遥想他们那英雄或"英雌"的气概,而许多唐代诗人,则对剑与侠献上了热情的歌吟。如果以"剑之歌"为主题,请那些前后辈分不同的诗人前来,足可以开一个盛大的诗歌朗诵晚会。

首先登场的也许是初唐的郭元振。他不算时下流行的所谓"著名诗人",但他亦名"宝剑篇"的《古剑歌》,却是一首七古名作,奠定了唐诗中咏剑亦以

"七古"即七言古体。诗发展到初唐,格律诗已成熟。相对于这种讲究声韵节律的新格律诗(律诗和律绝),人们称那种没有严格声韵和节律限制的诗为"古体"。

咏人的传统。他18岁登进士第，但只在西北通泉小县做从九品的县尉。在他的笔下，剑既是用武的器材，也是用世的人才，既是治人的武器，也是治国的良器："君不见昆吾铁冶飞炎烟，红光紫气俱赫然。良工锻炼凡几年，铸得宝剑名龙泉。龙泉颜色如霜雪，良工咨嗟叹奇绝。琉璃玉匣吐莲花，错镂金环映明月。正逢天下无风尘，幸得周防君子身。精光黯黯青蛇色，文章片片绿龟鳞。非直结交游侠子，亦曾亲近英雄人。何言中路遭弃捐，零落漂沦古狱边，虽复尘埋无所用，犹能夜夜气冲天！"他平时脱落小节，任侠使气，其诗托物言志，咏剑也兼自喻。武则天这位颇能识人且爱才的女皇，对此诗也极为赞赏，命令复写数十篇赐给当朝学士，并且对确实表现了行政才能的郭元振破格提拔。此后，郭元振还以他的才干与胆识，屡蒙升迁，位居宰相与国公。多年以后，杜甫经过他的旧居，"高咏《宝剑篇》，神交付冥漠"（《过郭代公故宅》），还要旧事重提，并遗憾时代不同而缘悭一面。

无独有偶的是，中唐诗人李贺虽是一介书生与病夫，但"男儿何不带吴钩"，他也不时挑灯看剑，并有一首全篇咏剑的《春坊正字剑子歌》：

先辈匣中三尺水，曾入吴潭斩龙子。
隙月斜明刮露寒，练带平铺吹不起。
蛟胎老皮蒺藜刺，鸊鹈淬花白鹇尾。
直是荆轲一片心，莫教照见春坊字。
挼丝团金悬麗珰，神光欲截蓝田玉。
提出西方白帝惊，嗷嗷鬼母秋郊哭。

李贺的诗炫奇翻异,造语新奇,他生逢中唐,但实在像当今20世纪的现代派诗人。"春坊正字",是太子宫中掌校正经史文字的官员。他描绘其剑,除了比喻为风吹不动的平铺的白色绢带,还说它像云缝中斜射而下的月光,以"刮露寒"来形容剑的寒光闪闪,真是匪夷所思,只有这位"诗坛鬼才"才能有如此寒气森森的想象与遣词。但是,李贺虽然胸怀高情远志,颇想有一番作为,然而却命途多舛,遭逢不幸,同时又病骨支离,长年不离药罐。"帝成白玉楼,立召君为记",27岁时据说就被召去天上的白玉楼,仍然是带病从事文字工作,相当于现在的"秘书"。不过,一介书生与病夫却如此呕心沥血地歌颂武事,并慨叹如同荆轲之心的剑,却名剑暗投,落在只会校正经史的文员之手,这既是感叹世上的人才闲置,暗喻自己怀才不遇,从现代心理学的角度而言,不也是他的一种心理情结和精神补偿吗?

古代有各种名目的剑,载诸史籍的宝剑不下百种之多,如紫电、青霜、白虹、鱼肠等。也有各种名号的侠,我们今日从金庸、梁羽生、古龙等人的小说中,仍可一窥端倪。游侠天涯浪迹,豪侠刀折公侯,义侠锄强扶弱,盗侠盗亦有道,儒侠书剑风流,智侠能言善辩,怪侠狂放不羁,奇侠风云叱咤,女侠侠骨柔肠。如同阳光在光谱中可以分析出七彩,真正的武侠精神,集中表现了中华民族特别是平民阶层的多种美德,凸显了民间社会规范人际关系的道德标准,即"情义伦理",如一诺千金,见义勇为、舍己助人,申冤解祸、酬恩负难,轻死重义等。又如一根红线贯串百琲明珠,其中最为人所崇尚的则是不记私仇小怨而为国为民,

李贺的剑诗与马诗相似,都是托物言志,借物抒怀。一介病书生,爱马又爱剑,正是对任武使气、驰骋沙场的期望。李诗的感人处更在于明知无望而故作希望语、明知不可能而故作可能状。

这样，那些壮士或侠士手中的剑，就更是一柄令奸佞凶恶之徒或国家民族之敌，见之魂飞闻之魄散的正义之剑。

王维和孟浩然是唐代田园诗的大师，他们仿佛老是在长安的辋川别业中或襄阳的鹿门山里悠游岁月，歌山吟水。其实，他们和陶渊明一样，也有金刚怒目的一面。"游人武陵去，宝剑直千金。分手脱相赠，平生一片心"，这是孟浩然的《送朱大入秦》，想不到这位隐居山中啸傲烟霞的诗人，胸中也激荡着一股英雄之气。"出身仕汉羽林郎，初随骠骑战渔阳。孰知不向边庭苦，纵死犹闻侠骨香"，"一身能擘两雕弧，虏骑千重只似无。偏坐金鞍调白羽，纷纷射杀五单于"，这是王维写咸阳游侠的《少年行》中的两首，诗中的游侠少年，也是保家卫国的边塞血战之士。这固然是唐代国力强盛而文士和侠士向往立功边塞的社会思潮的反映，也是唐代诗人所普遍认同的侠义人格和理想的寄托。我们不妨再来听听其他诗人的意见，在《李都尉古剑》中，白居易说"至宝有本性，精钢无与俦。可使寸折，不能绕指柔。愿快直士心，将断佞臣头。不愿报小怨，夜半刺私仇"；在《书愤》里，张祜表示"三十未封侯，颠狂遍九州。平生镆铘剑，不报小人仇"。齐己是位出家的方外之人，本应如闲云野鹤，但他也颇为关心红尘中的热门话题，社会上的刀剑交飞之事，其《剑客》一诗就咏唱"西风满天雪，何处报人恩？勇死寻常事，轻仇不足论"。——他们都不主张偿雪"私仇""轻仇"和"小人仇"，而是要伸报国恨民仇。在这方面，如果要民意测验出一位代表，那么，又要首推唐代乃至中国诗歌史上写侠客之诗多而且好的李白了。

大诗人李白，以"布衣"与"名士"、"酒仙"兼"侠客"的多重形象，活跃于盛唐的诗坛。唐代本不乏以任侠见称的诗人，但无论就行事与创作，却均以李白为最。除了史传碑记的有关记载之外，他的铁杆崇拜者并遵嘱为其编选诗文集的友人魏颢，在《李翰林集序》中也说他"少任侠，手刃数人"。我们今日不必担心李白会被法院起诉，因为时间太久，早已过了追诉之期，何况李白多半是出于自卫或他卫而杀了几个该杀的坏人。<u>"饮中八仙"之一的崔宗之，也是李白的至交，他后来在《赠李十二》中回忆在长安初见李白的情景，有道是"袖有匕首剑，怀中茂陵书"，一派亦儒亦侠的风采。</u>而李白呢，则一而再再而三地表白他喜欢并长于剑击，在《与韩荆州书》中说自己"十五好剑术，遍干诸侯"。唐代之交通旅行，当然远不能和现在同日而语，高山大泽还时有虎豹毒蛇和剪径强人出没，李白年方24岁就只身出行，去中原闯荡风波险恶的江湖，除了强健的体魄，他的军事装备就是一把随身的长剑，"乃仗剑去国，辞亲远游"，他在给韩荆州的那封信中，早已慨乎言之了。唐代的"当世第一剑"是将军裴旻，直至太和初年，李白去世65年之后，唐文宗还将裴旻剑术、李白诗歌和张旭草书，追誉为"唐代三绝"，而心高气傲的李白当年则曾给裴旻写信，意欲拜师，说是"如白，愿出将军门下"。此信今虽不存，但裴旻曾侄孙裴敬当年曾经亲见，而且他在为李白写墓志铭时也曾引用。李白也有多种"脸谱"，如果不说其"侠客"形象，就不是完整的李白，如同一处风光万千的名胜，突然缺了

李白的人格魅力是李白现象的高度综合体现。认识李白的丰富性，能更好地帮助我们理解他的大块文章与豪壮诗篇。

剑胆、文心、书
舞，这不是现实的济
世，而是艺术的人生。
社会的高度文明，不能
光看物质的丰富性，更
要看艺术的丰富性与
高超性。唐代的强大
与文明，是物质与艺术
的相激相彰。

李白一生与剑形影相随，他的诗文多次歌咏为国许身的侠客风范，反复抒发自己的侠义豪情。"燕南壮士吴门豪，筑中置铅鱼隐刀。感君恩重许君命，泰山一掷轻鸿毛"(《结袜子》)，歌颂春秋的专诸、战国时高渐离的义薄云天。他晚年隐居庐山，在安史之乱中入永王李璘的幕府，《在水军宴赠幕府诸侍御》一诗，抒写的仍然是年既老而不衰的壮志，和日月已久而光芒不减的宝剑：

> 卷身编蓬下，冥机四十年。
> 宁知草间人，腰下有龙泉。
> 浮云在一决，誓欲清幽燕。
> 愿与四座公，静谈金匮篇。
> 齐心戴朝恩，不惜微躯捐。
> 所冀旄头灭，功成追鲁连。

李白太天真太书生气了，他一心以身许国，天日昭昭，但却成了皇室内部争权夺利斗争的牺牲品，落得个垂暮之年还要流放夜郎。无巧不成诗的是，较他年轻的好友杜甫，本来也是一位多灾多病的书生，但"酒酣拔剑斫地歌莫哀"，他也喜欢谈兵论剑，在安史之乱中，他还写了一首《蕃剑》：

> 致此自辟远，又非珠玉装。
> 如何有奇怪，每夜吐光芒。
> 虎气必腾上，龙身宁久藏。
> 风尘苦未息，持汝奉明王。

杜甫看到的是一把藏族之剑,我们现在于西北地区仍可见到的藏刀藏剑,大约是杜甫所见的那一支的后裔吧。杜甫见宝剑而想到世乱未平,而渴望以身报国,这和李白的暮年情怀何其相似。难怪他们当年在洛阳一见如故,携手同游,并且要终生同气相求、惺惺相惜。

俗语有云:人生不如意事常八九。一般人的一生,大都很难完全顺心遂意,何况生活在众生不可能完全平等的人间。特别是古代那种封建极权社会,下层百姓甚至包括普通士人,都会遭逢许多不公不平乃至大冤大屈,求助无门,欲申无力,于是只得寄希望于侠义之士,和他们手中的正义之剑。而诗人们呢?或歌游侠之剑以托情,或咏身怀之剑以寄意。诗人刘叉是一位燕赵慷慨悲歌之士,他刚直任侠,关心民间疾苦,有一柄心爱的古代小剑,一位姓姚的秀才爱而索之,他只得割爱并写了《姚秀才爱予小剑因赠》:"一条古时水,向我手心流。临行泻赠君,勿报细碎仇。"诗中对剑的描绘极为新颖独创,而结句说持此剑而不要计较细小之仇,言外之意是,要诛祸国殃民的元凶大恶,令人读来只觉风生纸上,英气逼人。他的另一首《偶书》,可以互参对读:"日出扶桑一丈高,人间万事细如毛。野夫怒见不平事,磨损胸中万古刀。"另一位诗人崔涯对其妻一往情深,妻子逝世时曾作《别妻》之诗:"陇上泉流陇下分,断肠呜咽不堪闻。嫦娥一人月中去,巫峡千秋空白云。"可谓哀婉之至。然而,人生失意的他,和另一位失意的诗人张祜游侠于江淮之间,其《侠士诗》却又是一番面目:"太行岭上三尺雪,崔涯袖中三尺铁。一朝若遇有心人,出门便与妻儿

两诗都很含蓄。含蓄出诗味。读诗要去咀嚼诗人未说完或未说出的那一部分。从写作艺术看,隐喻、象征、暗示、淡化、变形等手法常产生含蓄的效果。

别。"此诗一出，便盛传人口，可见它激起了许多人同此心者的广泛共鸣。另一位以"推敲"知名于世的苦吟诗人贾岛，他也有一首颇具豪气的诗《剑客》：

> 十年磨一剑，霜刃未曾试。
> 今日把示君，谁为不平事？

在贾岛诗中，剑是宝剑，士是烈士，谁做不平不义之事，便得而诛之。措词虽然婉转，然而声情却极为壮烈。此诗至今仍是众口传诵的名篇，"十年磨一剑"今日仍有颇高的引用率。不意这位以"鸟宿池边树，僧敲月下门"名世的诗人，竟然还有这样一番壮怀激烈的不平之鸣。清人张潮在《幽梦影》中说："胸中小不平，可以酒消之。世上大不平，非剑不能消也。"妙哉高论，是不是贾岛亲授机宜的结果呢？

现在是科学昌明、武库也日新月异的世纪，剑与侠早已成为历史。清人龚自珍早就说过："吟到恩仇心事涌，江湖侠骨恐无多。"何况是当今这个缺钙少铁、人欲横流的时代？因此，锄强扶弱的侠肠，磊落正直的侠气，英雄豪杰的侠骨，更令人心向往之。而昔日被称为百兵之王的剑呢？对于有心之人，它仍然是生命精神的寄托，侠文化的象征，正义感的符号，然而，在现实生活中，它却已经退化为一种体育锻炼和舞蹈表演的器具。你要报效国家，自然有许多新的途径与形式，而不必如孟郊《百忧》诗所说的那样，"壮士心是剑，为君射斗牛。朝思除国难，暮思除国仇"；假如你真身逢不平之事，那也不必十年磨剑而企图去削平天下的是非曲直，还是应该相信会有日益健全的法制和法律，如果法制与法律也有疏漏，而且有时也难免为昏人掌握，小人戏弄，奸人歪曲，恶人践踏，那就请相信人间的正道和天地的无私吧，昔日虎啸龙吟、今朝已经退职离休的剑，只能作壁上观的了。

司马迁《游侠列传》说："其言必信，其行必果，已诺必诚，不爱其躯，赴士之厄困，既已存亡死生矣，而不矜其能，羞伐其德。"

■ 诗咏金钱

　　流通领域内作交易之用的货币，从最早出现的海贝币开始，来到世间已有四千多年悠悠岁月。其间历经夏商时期的石币、陶币、骨币与铜币，春秋战国的布币与刀币，秦汉时代的半两币、五铢钱，唐代的开元通宝，以至于现当代的各种钱币，可谓"钱"极变化，历经沧桑。中国有"钱能通神""钱能使鬼"的警言，外国也有"钱能使马儿奔跑"的谚语。在当今的商品经济社会中，"钱"取代了过去阶级斗争为纲的日月中的"斗"，高踞君临一切的地位，以至天下芸芸众生不可一日无此君，并且使许多人意乱神迷，而以身试法，而饱尝铁窗之苦，甚至自取杀身之祸。欲浪拍天，钱潮动地，我今日以"诗咏金钱"为题在唐诗中巡游一番，也可以说是附庸风雅，不，附庸钱神了。

　　"钱"，本来是古代的一种农具，也即用以除草的铁铲，后来仿其形而成货币，名之曰"泉"，取其流行周遍之意。战国晚期始有圆形方孔之钱。时至秦代，"钱"才成为一切货币的通称。当代美国作家、历史学家泰德·克罗福德著有《金钱传》一书，追本溯源，他认为金钱的起源，应是人类谋生存的一种神圣之心，和对群体式的团结的向往，"它的本来含义是牺牲、贡献和分享"。这可以说是还"钱"的本来面目与原始意义。然而，原本无知无觉甚至无辜的钱，一旦和具有各种权力与欲望的人结下不解之缘，除了交易流通促进生产的正面作用之外，它又往往成了权力的象征，豪门的标志，甚至或高升飞天而为通神之宝，或沉沦入渊而为万恶之源。

俄国大诗人普希金在《黄金与宝剑》一诗中，曾经写道："一切是我的，黄金说/宝剑说：一切属于我。/我买一切，黄金自夸/宝剑说：一切由我拿。"在一百多年前，这位异国诗人就以他的诗句，形象地表现了"金钱"与"权力"的力量。然而，早在千年前的中国唐代，已经就有好几位诗人有见及此、发而为诗了，例如罗隐，他的一首诗就是以"钱"为题："志士不敢道，贮之成祸胎。小人无事艺，假尔作梯媒。解释愁肠结，能分睡眼开。朱门狼虎性，一半逐君回。"他首先落笔于志士和小人对待金钱的不同态度，然后写钱的解愁提神的作用，最后痛斥豪门贵族对钱财的贪多务得，似虎如狼。而徐寅的《咏钱》诗，则更是鞭辟入里，一针见血：

古今中外皆然，可见人性相通。所以，腐败依然是现代社会面临的大难题。

> 多蓄多藏岂足论，有谁还议济王孙？
> 能于祸处翻为福，能向仇家买得恩。
> 几怪邓通难免饿，须知夷甫不曾言。
> 朝争暮竞何归处？尽入权门与倖门。

诗中用了两个典故：汉文帝宠臣邓通获赐蜀郡铜山而自铸钱，富甲天下，最后却被罢官抄家，穷饿而死。东晋大臣王夷甫是位伪善的清谈家，从不言钱而只说"阿堵物"（这个东西），实际上却家财万贯。全诗重在揭示金钱对于"祸"与"福"、"仇"与"恩"的

转化作用，令人不禁想起在他之前的西晋人鲁褒和在他之后的异国人莎士比亚。鲁褒先生有感于"风纪颓败，为官从政莫不以钱为凭"的世风时弊，在《钱神论》中称钱为"孔方兄"，其秘效奇能是"钱之所在，危可使安，死可使活；钱之所去，贵可使贱，生可使杀"。而莎士比亚呢，他在剧作《辛白林》中说，"有了钱才可以到处通行。钱可以让好人含冤而死，也可以让盗贼逍遥法外"，其《理查三世》又道"金子抵得上20个雄辩家"，《冬天的故事》则重申"虽然权势是一头固执的熊，可是金子可以拉着它的鼻子走"。至于他在悲剧《雅典的泰门》中为黄金写的那段台词，更是精彩绝伦，可谓西方的《钱神论》，历来就为众人所称道和引用。而上述徐寅诗的结句，较之罗隐诗的结句更为概括有力，后来居上。"权门"指权贵之家，"倖门"指帝王君主宠爱的臣下之家，总之是有权有势的豪门贵族。以权牟钱，以钱贿权，权钱之交易自古已然，于今更使世人侧目，徐诗如此笔力千钧而锋芒毕现，今天读来，仍不免使人油然而生诸多历史的与现实的联想。

　　无论对于个人或是众生，贫困都是一场灾难，而"钱"最初之所以名"泉"，不仅是指其如同泉水之周行流布，也是寄望它如泉水之润泽众生。然而，贫富的悬殊，两极之分化，这种古今皆然的现实却有背"泉"的初衷。杜甫在《曲江对酒》中就写过所谓"金钱会"，即开元元年九月一日，不是"穷"则思变而是"富"则思变的唐玄宗，在承天门大宴群臣，然后向下抛撒金钱，令百官捡拾为乐。顾况《宫词五首》之一也写道："九重天乐降神仙，步舞分行踏锦

也许永不可回到这个初衷了。这很令人悲伤，但这是事实。

筵。嘈嘈一声钟鼓歇，万人楼下拾金钱。"近见报载，占美国1%的富人拥有全美40%的财富，而当今中国的贫富差距与美国相较也毫不逊色，最富有的20%家庭，其收入超过国民全部收入的50%。个人存款在100万元以上的约100万人左右，仅占全国1‰的人，却占有全国居民存款的1/3。由此可见，无论是古代或当今，贫富差距都有如寒风凛冽的冬日之与鲜花着锦的春天。

在唐代，许多诗人就为贫富的不公而愤愤不平。罗隐除上述《钱》诗之外，还有一首诗题为《金钱花》，可以说是同一主题的变奏或异奏："占得佳名绕树芳，依依相伴向秋光。若教此物堪收贮，应被豪门尽劚将。"而与他同时代的皮日休，其同题之作却将关爱的目光投向贫困的芸芸众生："阴阳为炭地为炉，铸出金钱不用模。莫向人间逞颜色，不知还解济贫无？"有一种苔藓类植物，别号"苔钱"，只因它的形状和名称与"钱"关系暧昧，也就为有的诗人借题发挥而蒙不白之冤，如郑谷的《苔钱》：

> 春红秋紫绕池台，个个圆如济世财。
> 雨后无端满穷巷，买花不得买愁来！

对诗人由此及彼振羽而翔的想象力，我只有羡慕；对他同情天下苍生的仁者襟怀，我只有敬佩。然而，设身处地为无辜的"苔钱"着想，郑谷的指责也未免太委屈它们了。

人际关系最可宝贵的是道义、理解与真情，这大

今天中国的贫富差距日渐扩大。有统计显示，95%左右的财富集中在城市，5%左右的财富分散在占人口多数的广大农村。

借题发挥的指责，隐含的是贫穷背后的悲辛。身为下贱，心比天高是一种悲情；身为苔藓，是最贱物，却赋以钱名，一样构成一种对比，对比中呈现的是贫贱者心中的缺钱之苦、缺钱之恨。

约是许多人向往的理想境界。豪放豁达、挥金如土
的李白，就曾经在《答友人》中高唱"人生贵相知，何
必金与钱"，他真是一个天生的理想主义者和浪漫主
义者。然而，且不说今日的社会越来越功利化和商
业化，越来越多的人是以"利"相交，温情脉脉的面
纱早已随风而去，即使在人心尚古的唐代，诗人们也
早已慨乎言之了。中唐诗人孟郊，就直接以《伤时》
为题，他说"古人结交而重义，今人结交而重利……
我亦不羡季伦富，我亦不笑原宪贫。有财有势即相
识，无财无势同路人"，这位命运坎坷终身不达的诗
人，他的诗句既是对世情的写照，也该包含了他的一
把辛酸之泪！在他之前的张谓，其《题长安壁主人》
更是言简意深，灿如照人眉睫的明珠，利若一击而中
的匕首：

> 世人结交须黄金，黄金不多交不深。
> 纵令然诺暂相许，终是悠悠行路心。

他的这首讽刺现实鞭辟人心的诗，该是作于他仕
途未达之时，并题于寄居的主人家的墙壁之上吧。唐
代是中国封建社会的黄金时代，但张谓就已经有了如
此深沉的感喟与犀利的批判，今天已是又一个新旧世
纪之交，众生远诗神而亲财神，张谓如果复生，不知会
有多少新的感慨。僻处湖南永州的草书圣手怀素未
达之时，就是经他介绍援引到文化中心长安而一举成
名的，怀素不像现在一些得鱼忘筌过河拆桥之辈，他
不忘此情此德，在《自叙帖》中特笔致谢，可见他们是
君子之友而非金钱之交。"黄金不多交不深"，至少他

世人交往有几
种：性情交往，相知交
往，请托交往。前两种
与金钱无关，后一种全
在金钱。这或许不可
指责，但若行事全以钱
的多少为原则，人就物
化了、异化了。

们应该算一个例外吧？

在我国古代的钱币中，"五铢钱"是汉代铸造的一种钱币，通用了700多年，其"钱寿"为我国钱币之冠。其次，就要算"开元钱"了。这种在唐初铸造的"开元通宝"，其形状、币文以及重量，为中国唐代以后的钱制开创了新的范式，而且书写币文的不是无名之辈，而是其时年过花甲的大书法家欧阳询。此宝一出，人咸赞钱文双绝，不过，"开元通宝"的质地和书法虽好，但仍免不了"万恶之源"的恶谥。宋代无名氏有一首《拾得破钱诗》，据宋人彭乘《墨客挥犀》记载，此诗系16岁的李姓少女所作。她咏的是一枚残破的开元之钱："半轮残月掩尘埃，依稀犹有开元字。想得清光未破时，买尽人间不平事。"诗情深意，二美并具，真是难为这位小女子的慧质灵心，即使是她本家的李商隐和李清照，如果同题作文，也未必写得出如此好诗。然而，以上种种都未免过于严峻和沉重，"钱"本身并没有错误和罪过，而且有的诗人咏钱，也能引发我们许多美好的联想。

俸钱或者说俸禄，以前指官吏的薪水，也即今日为官从政者的工资。古今的贪官污吏自不必说了，他们享用人民劳动所得所献的俸钱，不仅心安理得，而且还大肆搜刮以饱私囊，供自己及家人挥霍享受。唯有清廉正直的官员，才会反躬自问和自省，如韦应物的《寄李儋元锡》：

> 去年花里逢君别，今日花开又一年。
> 世事茫茫难自料，春愁黯黯独成眠。

心中有多重忧伤要与朋友说：世事茫茫，身多疾病，邑有流亡。当权者忧虑的多为自身能否踏上晋升之阶，像韦应物这样"愧俸钱"者很少。范仲淹谓"仁者之言"，既是有感而发，也是夫子自道，因为范仲淹自己也是心怀天下、悲悯苍生的仁者。

身多疾病思田里，邑有流亡愧俸钱，

闻道欲来相问讯，西楼望月几回圆。

　　韦应物看到耕作的农夫，曾发出过“方惭不耕者，禄食出闾里”的感叹，他由自己的居处高敞，而引起“自惭居处崇，未睹斯民康”的愧疚。这首诗是诗人在苏州刺史或滁州刺史任上所作。感时伤逝，对景怀人，这是众生所普遍具有的情感，可贵的是诗人由己及人，由自己的“身多疾病思田里”，而想到广大人民的苦难而“邑有流亡愧俸钱”，难怪先忧后乐的范仲淹读了这首诗，曾经慨叹为“仁者之言”。韦应物这种仁民爱物的襟抱，即使在当代也仍然有其示范意义。

　　钱和爱情及婚姻联结起来，我们会想到许许多多没有爱情而只有金钱的悲剧，但是也不尽然。唐诗中有一些篇章写到钱与爱情，会使我们如燃点一炷清香，似品饮一勺清泉，灵魂沐浴古典的清芬与甘凉。元稹为妻子韦惠丛写了许多悼亡诗，而《遣悲怀三首》最为脍炙人口，前人甚至认为古今悼亡诗汗牛充栋，却不出这组诗的范围。第一首是：“谢公最小偏怜女，自嫁黔娄百事乖。顾我无衣搜尽箧，泥他沽酒拔金钗。野蔬充膳甘长藿，落叶添薪仰古槐。今日俸钱过十万，与君营奠复营斋。”韦氏美而且贤，稹未仕而卒，他们是所谓“贫贱夫妻”。后来元稹官运亨通，拜同中书门下平章事，衣服金紫，唐代官员俸禄甚厚，他的俸禄更可想而知。然而，不论元稹为人行事有多少缺失，他确实曾经深深怀念糟糠之妻，而且与“钱”有关：“今日俸钱过十万，与君

张望千秋 ◎ 上海著名中学师生推荐书系

营奠复营斋!"表现的虽是儿女私情，似乎不及韦应物之远大，但仍是人间可贵的至性至情，较之今天或贵或富或有名便要"换妻"者流，其"差距"自不可以道里计。

在命运难测，音讯难通的古代，卜卦是古人生活中一种具有神秘意义的活动。金钱卜则是将钱掷落于地，视其向背以定吉凶、成败、远近、归期等，这种活动盛行于民间，尤其是闺中。如于鹄的《江南曲》：

> 偶向江边采白苹，还随女伴赛江神。
>
> 众中不敢分明语，暗掷金钱卜远人。

诗的主旨，是少女或少妇对远行的情人或丈夫的怀念。前人之作对此已有许多高明的艺术表现，后来者如果没有新的创造，读者就会不终篇而掩卷，观众也当未终场而退席。此诗后两句却借"金钱"而寄隐私，翻空出奇，一个生动的细节胜过平庸的千言万语，使得旁观的我们对于似乎俗不可耐的"金钱"，也要刮目相看，并且要对千年前的女主人公寄去衷心的祝福。

前面说过，无论是个人或是众生，贫困都是灾难，而取之有道，储之无虞，用之在德，金钱则是颇为可爱的。过去不分青红皂白，一律视金钱为"铜臭"，当然应该为之正名。不过，金钱也应像及时之雨普惠芸芸众生，使他们丰衣足食，利于行而安于居，不能为少数人所聚而私，如同英国哲学家培根在《培根论说文集》中所说："金钱好似肥料，如不普及便无好处。"金钱如一柄双刃之剑，既可为人造福，也可为

两者似不可对比。韦"愧俸钱"不等于说他不重私情，元稹私情也并不必然就看出他不重大情。读书有时需就事论事，不宜随便扩展开去。鲁迅就曾说："无情未必真豪杰，怜子如何不丈夫。"

孔子有言："不义而富且贵，于我如浮云。"这句话可反推：义而富且贵，富贵则可人。何为"义"，即"符合道义"，"用正当手段"，用今天的话说是"合法合情"。

人带来烦恼与灾难，它应使众生的阮囊不致羞涩，但它绝非至高无上，更不能使天下众生都成为对它趋之若鹜俯首帖耳的顺民。世界上还有许多宝贵的东西，如远大的理想、英雄的行为、崇高的情感、真正的爱情、纯挚的友谊、一去不返的青春等，你即使富可敌国也无法买到。"人生贵相知，何必金与钱"，你信不信？在金钱之外，人生也还有许多值得追求的形而上的美丽风景！

单元链接

本单元出现的中学语文必读诗有温庭筠的《商山早行》、杜牧的《寄扬州韩绰判官》、张继的《枫桥夜泊》、王维的《渭城曲》、李白的《劳劳亭歌》、贾岛的《剑客》、韦应物的《寄李儋元锡》等。

■ 原著《序》

黄维梁

"元洛兄以其热爱诗歌的元气淋漓,洛诵新诗,捕捉了新诗中的洛神,采撷了新诗中的洛花,而成为此册。"我在元洛兄的《写给缪斯的情书——台港与海外新诗欣赏》一书的序言里这样说。李元洛这个名字,和诗歌结缘数十年。缪斯,不论古今,无分中外,一向是他的最爱。他赏析诗篇除了上述的书,还有《诗卷长留天地间》《楚诗词艺术欣赏》《缪斯的情人》诸书;他建构诗学,出版了《诗美学》皇皇巨著。在中国以至东南亚,元洛兄的诗评诗论,早已享誉甚隆。

元洛兄本来打算和缪斯白头偕老,不料,他"移情别恋",竟写起散文来。1995年出版的《凤凰游》,是他"和散文琴瑟友之的记录"。我认为,元洛兄和散文之恋,是必然的。他的诗评诗论,以采笔剖析诗情诗艺,可说以文为论,辞藻十分可观,绝非枯燥乏味的评论文字。如此,把"以文为论"的"文"加以发挥,写景叙事抒情,成为散文家,是顺理成章的事。他的散文发表后屡次获奖,甚受好评。

先诗论,后散文。元洛兄近年又有新猷,那就是诗论与散文的结合。他以诗论家的学养和识见,加上散文家的神思和采笔,开始了唐诗之旅。这本《怅望千秋》就是旅游的记录。元洛兄是长沙人,湘水与洞庭,自古骚人墨客已很多,元洛兄近水楼台,活在文学之中,与屈原和杜甫早有"对话"、吟唱。他还远赴庐山、金陵、长安,为了亲近香

炉峰、凤凰台、大雁塔，追寻唐代诗人的踪迹。他实地览胜，凭虚寄怀，和神交的古人分忧，和同行的文友共乐，是诗的苦旅，也是甘旅。有时，他的旅程不据地理，而凭诗意，如《月光奏鸣曲》，更见其驰骋想象、驱遣学问的才华。

《月光奏鸣曲》可用来说明元洛兄的散文健笔：

"如果翻开卷帙浩繁的《全唐诗》，你可以看到唐诗人举行过规模盛大的月光晚会，大大小小的诗人都曾登台吟诵他们的明月之诗。那场晚会永远不会闭幕。听众而兼观众的我也永远不会退场。"

（张若虚的《春江花月夜》收录于郭茂倩编选的诗集）。"富豪痛心的是钱财损失，政客锥心的是禄位成空，书生伤心的是杰作不传。如果郭茂倩还可以收到，我们真应该用洒金红笺向他好好写一封感谢信，并且以限时特快专递送达。如果没有他的收录之功，我们今日失掉的将是一块精神的连城之璧！"

"时隔千载之后，我于一个早秋之日从北京远去青海，在西部边陲的月夜，我竟然和唐代边塞诗中的明月撞个满怀。至今回忆往事，仍可拾起几片粼粼的月光。"

"我在旧金山的中秋月夜诵他（李白）的诗句，这位眷恋故土而性格豪放的诗人，如果有机会办好护照壮游美利坚大陆，他乡虽好，他还是会将《静夜思》龙蛇飞舞地题在五星级宾馆的墙壁上吧！"

以上所引，是多么生动活泼的文字。也许，在最后一段引文后面，我们还可加上一笔：李白听到《月光奏鸣曲》的琴音，一个无线电话邀来贝多芬，花间一壶酒，而对酌有人了。

唐诗是要我们去探寻、诵读、欣赏、想象的，像元洛兄那样。千余年前的诗，我们在今天仍然可触可感，仍然传播着中国文化的活力，正因为我们用上述的方式去对待。唐诗是绝色，是绝唱。绝唱，不是绝响的唱咏，而是绝佳的唱咏，要永远流传不绝。我为元洛兄《写给缪斯的情书》写的序言，题为"元洛传诗"。元洛兄以其更健更多彩的妙笔，又一次传扬诗的佳音。元洛兄与我相交十多年，和我切磋，予我教益，有厚爱于我，让我有机会先捧读此书为快，有荣幸先缀数言为乐，我真应该用洒金红笺向他好好写一封感谢信，为这本《怅望千秋》的读者。

1999年1月10日

于香港中文大学中文系

原著《序》